한국재벌과 지주회사체제

20년

2 0 0 0 - 2 0 1 9

KB140157

한국재벌과 지주회사체제

20년

2 0 0 0 - 2 0 1 9

· 김동운 지음 ·

지은이의 말

이 책은 '한국재벌과 지주회사체제 20년 역사' 개론(概論)이다. 2000년부터 2019년까지 공정거래법상 지주회사체제를 채택한 44개 재벌이 분석 대상이다. 27개 재벌은 2019년 현재 지주회사체제를 채택하고 있고, 17개 재벌은 2019년 이전에 지주회사체제를 채택하였다.

2019년 현재의 27개 재벌 중에는, 지주회사제도가 도입된 지 1년이 지난 2000년에 '제1호'로 시작하여 가장 긴 20년의 지주회사체제 역사를 가지고 있는 SK가 있고, 2010년에 시작하여 10년 역사를 가지고 있는 한진과 부영이 있으며, 2019년에 갓 시작한 새내기 HDC와 애경도 있다.

또 2019년의 27개 재벌 중에는, 그룹 계열회사 전부가 지주회사체제로 조직되어 있는 한라와 아모레퍼시픽이 있고, 그룹 계열회사의 절반 정도만 지주회사체제에 편입되어 있는 GS·부영·한국타이어·셀트리온이 있으며, 그룹 계열회사의 1/5정도만 편입되어 있는 한화·신세계·대림도 있다.

2019년 이전에 지주회사체제를 채택한 17개 재벌 중에는 15년 역사의 삼성, 11년 역사의 한진중공업, 6년 역사의 두산, 그리고 5년 역사의 농심·웅진·대성·태광이 포함되어 있다.

2000-2019년의 20년 동안 재벌의 지주회사체제가 어떤 모습으로 변해 왔는지 전반적인 추세와 특징을 살펴보며, 지주회사체제의 핵심 내용을 연도별 그리고 재벌별로 일목요연하게 제시한다. 공정거래위원회 자료를 가공·변형하고 분석하였으며, 이전 저서의 내용도 대폭 가다듬어 활용하였다: <한국재벌과 지주회사체제: 34개 재벌의 현황과 자료> (2016년 12월); <한국재벌과 지주회사체제: 34개 재벌의 추세와 특징> (2017년 2월).

'지주회사 20년의 평가와 과제' 세미나가 개최된 바 있다. '한국재벌과 새로운 지배구조로서의 지주회사체제: 20년의 회고 및 전망'에 대해서도 활발한 논의가 이루어질 수 있을 것으로 기대되며, 필자 또한 이 책을 발판 삼아 후속연구를 진행해 나갈 생각이다.

2020년 6월

김 동 운

목차

표 목차

제1부

한국재벌과 지주회사체제: 개관

1. 공정거래법상 지주회사, 1999년 vs. 2020년

1.1 1999년

지주회사(持株會社)는 1987년 대규모기업집단지정제도가 도입되면서 설립이 금지되었다가 1999년 다시 허용되었다. 2020년은 지주회사제도가 재도입된 지 22년째가 되는 해이다.

1987년의 <독점 규제 및 공정거래에 관한 법률>(공정거래법; 1986년12월31일 개정, 1987년4월1일 시행)에는 지주회사 설립 금지 조항이 신설되었다.

[제7조의2 ①] 누구든지 주식의 소유를 통하여 국내회사의 사업내용을 지배하는 것을 주된 사업으로 하는 회사(**'持株會社'**)를 설립할 수 없으며 이미 설립된 회사는 국내에서 지주회사로

전환하여서는 아니된다.

12년이 지난 1999년의 <공정거래법>(2월5일 개정, 4월1일 시행)에는 지주회사 설립 허용 조항이 신설되었으며, '제2조 (정의)'에 다음 2개 조항이 포함되었다.

[제2조 1의2] **'지주회사'**라 함은 주식(持分 포함)의 소유를 통하여 국내회사의 사업내용을 지배하는 것을 주된 사업으로 하는 회사로서 자산총액이 대통령령이 정하는 금액 이상인 회사를 말한다. 이 경우 주된 사업의 기준은 대통령령으로 정한다.

[제2조 1의3] **'자회사'**라 함은 지주회사에 의하여 그 사업내용을 지배받는 국내회사를 말한다.

지주회사 관련 '자산총액' 및 '주된 사업'의 기준은 1999년 <독점 규제 및 공정거래에 관한 법률 시행령>(공정거래법 시행령; 3월31일 개정, 4월1일 시행)의 '제2조 (지주회사의 기준)'에 자세하게 규정되었다.

[제2조 ①] '자산총액이 대통령령이 정하는 금액 이상인 회사'라 함은 직전 사업연도 종료일 (당해 사업연도에 새로이 설립되었거나 합병을 한 회사의 경우에는 각각 설립등기일 또는 합병등기일) 현재의 대차대조표상의 **자산총액이 100억 원 이상**인 회사를 말한다.

[제2조 ②] 주된 사업의 기준은 회사가 소유하고 있는 **자회사의 주식(지분 포함)가액의 합계액**(직전 사업연도 종료일 현재의 대차대조표상에 표시된 가액을 합계한 금액)이 당해 회사 **자산총액의 100분의 50이상**인 것으로 한다.

1.2 2020년

2020년 5월 현재의 <공정거래법>(2018년9월18일 개정, 2019년9월19일 시행) '제2조 (정의)'에는 지주회사·자회사 외에 손자회사 규정이 있으며, <공정거래법 시행령>(2020년3월3일 시행) '제2조 (지주회사의 기준)'에는 지주회사·자회사·손자회사의 기준이 보다 자세하게 규정되어 있다.

[법 제2조 1의2] **'지주회사'**라 함은 주식(持分 포함)의 소유를 통하여 국내회사의 사업내용을 지배하는 것을 주된 사업으로 하는 회사로서 자산총액이 대통령령이 정하는 금액 이상인 회사를 말한다. 이 경우 주된 사업의 기준은 대통령령으로 정한다.

[법 제2조 1의3] **'자회사'**라 함은 지주회사에 의하여 대통령령이 정하는 기준에 따라 그 사업내용을 지배받는 국내회사를 말한다.

[법 제2조 1의4] **'손자회사'**란 자회사에 의하여 대통령령으로 정하는 기준에 따라 사업내용을 지배받는 국내회사를 말한다.

[시행령 제2조 ①] '자산총액이 대통령령이 정하는 금액 이상인 회사'란 다음 각 호의 회사를 말한다. 1. 해당 사업연도에 새로이 설립되었거나 합병 또는 분할·분할합병·물적분할('분할')을 한 회사의 경우에는 각각 설립등기일·합병등기일 또는 분할등기일 현재의 대차대조표상 **자산총액**이 **5천 억 원 이상**인 회사. 2. 제1호 외의 회사의 경우에는 직전 사업연도 종료일 (사업연도 종료일 이전의 자산총액을 기준으로 지주회사 전환신고를

하는 경우에는 해당 전환신고 사유의 발생일) 현재의 대차대조표상의 **자산총액**이 **5천 억 원 이상**인 회사.

[시행령 제2조 ②] 주된 사업의 기준은 회사가 소유하고 있는 **자회사의 주식(지분 포함)가액의 합계액**(제1항 각 호의 자산총액 산정 기준일 현재의 대차대조표상에 표시된 가액을 합계한 금액)이 해당 회사 **자산총액의 100분의 50이상**인 것으로 한다.

[시행령 제2조 ③] 법 제2조 제1호의3에서 '대통령령이 정하는 기준'이란 다음 각 호의 요건을 충족하는 것을 말한다. 1. 지주회사의 계열회사일 것. 2. 지주회사가 소유하는 주식이 제11조(특수관계인의 범위) 제1호 또는 제2호에 규정된 각각의 자 중 최다출자자가 소유하는 주식과 같거나 많을 것.

[시행령 제2조 ④] 법 제2조 제1호의4에서 '대통령령으로 정하는 기준'이란 다음 각 호의 요건을 충족하는 것을 말한다. 1. 자회사의 계열회사일 것. 2. 자회사가 소유하는 주식이 제11조(특수관계인의 범위) 제1호 또는 제2호에 규정된 각각의 자 중 최다출자자가 소유하는 주식과 같거나 많을 것.

[시행령 제2조 ⑤] 공정거래위원회는 3년마다 국민경제 규모의 변화, 지주회사에 해당되는 회사의 자산총액 변화, 지주회사에 해당되는 회사 간 자산총액 차이 등을 고려하여 제1항 각 호에 따른 자산총액의 타당성을 검토한 후 자산총액의 조정 등 필요한 조치를 할 수 있다.

2. 지주회사제도의 도입 배경

2.1 도입 배경

　지주회사(持株會社, holding company)는 '다른 회사의 주식 보유가 주된 목적인 회사'이다. 지주회사에 의해 주식이 보유되는 다른 회사는 '자회사(子會社)', 자회사에 의해 주식이 보유되는 다른 회사는 '손자회사(孫子會社)', 그리고 손자회사에 의해 주식이 보유되는 다른 회사는 '증손회사(曾孫會社)'이다. 따라서 지주회사체제는 '지주회사 → 자회사 → 손자회사 → 증손회사'로 이어지는 하향 계층적인 소유구조를 갖는다.

　반면 지주회사는 그 성격상 적은 자본으로 다른 회사들을 용이하게 지배할 수 있는 가능성을 가진 조직이기도 하다. 전두환 정부는 1987년 4월 재벌의 경제력 집중을 억제하기 위하여 대규모기업집단지정제도를 도입하면서 지주회사의 설립·전환도 금지시켰는데, 이는 지주회사의 양면성 중 지배력 확장의 부작용을 우려한 때문이었다.

　하지만 경제력 집중 억제 조치들에도 불구하고 재벌의 문어발식 확장은 계속되었으며 이는 '1997년 외환위기'의 주요 요인으로 작용하였다. 1998년 2월 출범한 김대중 정부는 재벌의 구조조정을 최우선 과제로 추진하였으며, 그 일환으로 1999년 2월 지주회사의 설립·전환을 다시 허용하는 조치를 취하였다. 1999년 2월 5일의 <공정거래법> 개정 이유 중에는 '구조조정

과정에서 그 필요성이 인정되는 지주회사를 제한적으로 허용'
한다는 내용이 포함되어 있다.

종래의 재벌들에서는 계열회사 상호 간에 출자가 순환적이고
중층적으로 얽혀 있었으며, 그 정점에는 극히 적은 지분을 갖는
그룹 총수 또는 동일인(同一人; 지배주주 또는 대표주주)이 있
었다. 소유가 뒷받침되지 않은 상태에서 경영권은 무분별하고
무책임하게 행사되었으며, 이는 계열회사의 문어발식 확장과 방
만한 경영으로 이어졌다. 반면 지주회사체제는 '지주회사 → 자
회사 → 손자회사 → 증손회사'로 이어지는 하향 계층적인 소유
구조를 갖는다. 이전의 그룹 총수는 충분한 지분으로 지주회사
만 소유·경영하고 계열회사는 독자적으로 자율경영을 하게 함
으로써 투명하고 민주적인 지배구조를 정착시킨다는 것이 지주
회사 설립·전환 재허용의 취지였다.

2.2 지주회사 지정 기준

지주회사 관련 내용은 <공정거래법>과 <공정거래법 시행령>
에 자세하게 규정되었으며, 지주회사가 지배력 확장의 수단으로
악용될 소지를 최소화하기 위해 다양한 행위 제한 규정 또한 명
시되었다 (<표 1.1>).

공정거래법상 지주회사는 '지주비율'과 '자산총액' 2가지 기
준을 모두 충족하면 지정된다.

<표 1.1> 지주회사 관련 기본사항

지주회사	주식의 소유를 통하여 국내회사의 사업내용을 지배하는 것을 주된 사업으로 하는 회사로서 자산총액이 대통령령이 정하는 금액 이상인 회사
	① 주된 사업: 지주비율 50% 이상 (1999년 이후) 　＊ 지주비율 = [(지주회사가 소유하는 자회사 주식가액의 　　　　　　　　 합계액) ÷ (지주회사 자산총액)] x 100 (%)
	② 자산총액: 100억 원 이상 (1999-2000년) 　　　　　　300억 원 이상 (2001년) 　　　　　　1,000억 원 이상 (2002-2016년) 　　　　　　5,000억 원 이상 (2017년 이후)
일반지주회사	금융지주회사 외의 지주회사
금융지주회사	금융·보험업을 영위하는 자회사의 주식을 소유하는 지주회사
자회사	지주회사에 의하여 사업내용을 지배받는 국내회사
손자회사	자회사에 의하여 사업내용을 지배받는 국내회사
증손회사	손자회사에 의해 발행 주식 총수가 소유되는 국내계열회사 (2008년 이후)
자회사 주식 보유 기준	지주회사가 소유해야 하는 '자회사 발행 주식 총수 중에서의 비중'
	자회사: 비상장 50% 이상, 상장 30% 이상 (1999-2006년) 　　　　비상장 40% 이상, 상장 20% 이상 (2007년 이후)
손자회사 주식 보유 기준	일반지주회사의 자회사가 소유해야 하는 '손자회사 발행 주식 총수 중에서의 비중'
	손자회사: 비상장 50% 이상, 상장 30% 이상 (1999-2006년) 　　　　　비상장 40% 이상, 상장 20% 이상 (2007년 이후)

출처: <공정거래법>, <공정거래법 시행령>.

첫째, 지주비율은 '지주회사 소유 자회사 주식가액'이 '지주회사 자산총액'에서 차지하는 비중을 말한다. 1999년 이후 '50% 이상'을 지주회사의 주된 사업으로 규정하고 있다.

둘째, 자산총액은 '1999년 100억 원 이상 → 2001년 300억 원 이상 → 2002년 1,000억 원 이상 → 2017년 5,000억 원 이상'으로 변하였다.

2002년의 상향 조정은, 2001년 4월 출자총액제한제도가 재도입되면서 출자총액제한기업집단 (2002년부터 지정; 기준 자산총액 2002년 5조 원 이상, 2005년 6조 원 이상, 2007년 10조 원 이상; 2009년 3월 지정 제도 폐지) 계열회사의 출자총액이 제한되는 점을 감안하여, 지배력 확장의 폐해가 적은 중소 규모의 지주회사가 원활하게 설립될 수 있도록 신고 및 규제 대상의 범위를 축소하기 위한 것이었다. 2017년의 상향 조정 또한 경제력 집중 규제의 실익이 적은 중소 규모 지주회사들을 규제 대상에서 제외시키기 위한 조치였다.

한편, 자회사는 '지주회사에 의하여 사업내용을 지배받는 국내회사', 손자회사는 '자회사에 의하여 사업내용을 지배받는 국내회사', 그리고 증손회사는 '손자회사가 발행 주식 총수를 소유하는 국내계열회사(금융·보험업 영위 회사 제외)'로 규정되었다 (2019년 <공정거래법> 제2조 1의3, 1의4; 제8조의2 ④4, ⑤).

또 '지주회사는 자회사에 대해' 그리고 '일반지주회사의 자회사는 손자회사에 대해' 각각 전자는 후자가 발행하는 주식 총수의 40% (자회사가 상장법인·국외상장법인·공동출자법인·벤처지주회사인 경우 및 손자회사가 앞 3개 유형의 법인인 경우에는 20%) 이상을 소유해야 한다. 이를 각각 '자회사 주식 보유 기준', '손자회사 주식 보유 기준'이라고 한다 (2019년 <공정거래법> 제8조의2 ②2, ③1). 1999-2006년에는 이 기준이 '50% (30%) 이상'이었으며, 2007년 4월 '40% (20%) 이상'으로 하향 조정되었다. 지주회사가 시장에서 긍정적인 평가를 받는 것으로 보고 설립·전환을 보다 용이하게 하기 위해서였다.

3. 재벌과 지주회사체제 20년, 2000-2019년

3.1 SK그룹: '지주회사체제 채택 재벌 제1호'

2000년 1월 1일 SK그룹(대규모집단 순위 4위) 계열회사인 SK엔론(이후 SK E&S)이 공정거래법상 지주회사 제1호로 지정되었다. 1999년 4월의 공정거래법에 지주회사 관련 조항이 처음 등장한 이후 8개월만이었다. 이로써 SK그룹은 공정거래법상 지주회사체제를 채택한 제1호 재벌이 되었으며, 이후 2019년 현재까지 지주회사체제를 유지하면서 재벌 중 가장 오랜 '20년' 역사의 지주회사체제를 가지게 되었다.

SK엔론은 1999년 1월 SK㈜와 미국 회사 엔론(Enron Corporation)의 50:50 합작지주회사로 설립되었다. 처음에는 자회사가 6개이고 지주비율이 36%였으나, 1999년 12월 현재에는 자회사 11개 및 손자회사 2개, 자산총액 5,035억 원 그리고 지주비율 87%가 되었다. 공정거래법상의 자산총액·지주비율 요건(100억 원 이상, 50% 이상)이 충족됨에 따라 SK엔론은 2000년 3월 29일 공정거래위원회에 지주회사 전환 신고를 하였으며, 5월 20일 신고가 수리되었다. 이후 SK엔론의 지주회사 전환일은 '2000년 1월 1일'로 조정되었다.

한편, 공정거래법에서 지주회사를 허용한 이후 최초로 2000년 2월 24일 설립 신고를 한 C&M커뮤니케이션(모회사 조선무역)은 공식 설립일이 2000년 1월 25일이었다. 화성사(4월1일)와 온미디어(6월15일)가 그 뒤를 이어 지주회사로 지정되었다.

SK엔론은 2006년 SK E&S로 상호가 변경되었으며, 2011년 12월 공정거래법상 지주회사에서 제외되었다가 2014년 1월 다시 지정된 후 2017년 12월 다시 제외된 상태이다. 2019년 현재 SK그룹(대규모집단 순위 3위)에는 다른 4개의 공정거래법상 지주회사를 중심으로 보다 성숙한 지주회사체제가 구축되어 있다: SK㈜, 2007년 이후; SK이노베이션, 2011년 이후; SK디스커버리, 2017년 이후; 라이프앤시큐리티홀딩스, 2019년 (제4부 '24. SK그룹' 참조).

3.2 연구의 의의와 범위

2000년 1월 SK그룹이 지주회사체제를 채택한 지 1년 3개월이 지난 2001년 4월에는 LG그룹(대규모집단 순위 3위)이 지주

회사체제를 도입하였다. 주력회사인 LG화학이 지주회사 ㈜
LGCI로 전환하였으며, ㈜LGCI는 2003년 3월 제2의 지주회사
인 ㈜LGEI(2002년 4월 이후)를 통합하여 ㈜LG로 출범하였다.

이후 2002년 한 해를 제외하고 매년 1-8개씩의 재벌들이 새
로운 지배구조로서의 지주회사체제 실험 대열에 동참해 오고
있으며 2000년대 중반 이후 큰 흐름을 형성하고 있다.

지주회사체제를 처음 도입한 시기별로 보면, 2000-2004년 5
개 재벌, 2005-2009년 13개 재벌, 2010-2014년 12개 재벌,
2015-2019년 14개 재벌 등이며, 2000-2019년의 '20년' 동안 지
주회사체제를 채택한 재벌은 총 44개이다.

지주회사체제 채택 재벌을 연도별로 보면, 2001년 2개이던
것이 점차 증가하여 2007년(14개)에는 10개 이상으로 그리고
2011년(20개)에는 20개 이상으로 늘어났으며, 2017년 29개로
최고치를 기록한 이후 2018-2019년에는 27개이다. 2019년 현
재에는 전체 44개 재벌 중 27개가 지주회사체제를 유지하고 있
고, 나머지 17개는 2019년 이전에 지주회사체제를 채택한 적이
있었다.

본 연구는 2000년 SK그룹에서 시작되어 2019년까지 진행된
'한국재벌과 지주회사체제 20년의 역사'를 정리하고 분석한다.
제2부에서는 20년 동안 재벌의 지주회사체제가 어떤 모습으로
변해 왔는지 전반적인 추세와 특징을 살펴보며, 제3부와 제4부
에서는 지주회사체제의 핵심 내용을 각각 연도별, 44개 재벌별
로 일목요연하게 제시한다.

3.3 분석틀

본 연구에서 분석하는 기간, 사용하는 용어, 활용된 자료 등과 관련된 사항들은 다음과 같다.

(1) 분석 기간은 기본적으로는 2000-2019년의 '20년'이다. 하지만, 공정거래위원회에서 지주회사 자료가 발표된 것은 2001, 2003-2019년이며, 이에 따라 자료 관련 '18년'이 실질적인 분석 기간이다.

(2) 분석 대상인 '지주회사체제 채택 재벌'은 '공정거래법상 일반지주회사를 보유한 공정거래법상 대규모사기업집단'이다.

공정거래위원회는 공정거래법에 따라 지정된 '대규모기업집단'을 1987년부터 그리고 '지주회사'를 2001년부터(2002년 제외) 발표해 오고 있다. 대규모기업집단에는 1987-2001, 2017-2019년에는 사기업집단만 있었고 2002-2016년에는 공기업집단도 일부 포함되었다. 지주회사의 대부분은 일반지주회사이고 일부는 금융지주회사이다.

대규모기업집단 중에서는 사기업집단만 지주회사를 보유하였으며, 사기업집단 소속 지주회사의 절대 다수는 일반지주회사이다. 일부 연도에는 사기업집단 소속 금융지주회사도 1-3개씩 있고 금융지주회사만 보유한 사기업집단도 3개 있는데, 금융지주회사는 수적으로도 적고 일반지주회사와는 성격이 달라 분석에서 제외하였다.

다만, 농협 소속 금융지주회사는 포함시켰다. 농협의 지주회사는 2012-2017년에는 '일반지주회사 1개 + 금융지주회사 1개' 그리고 2018-2019년에는 '금융지주회사 1개'이다.

(3) '지주회사체제를 채택한 재벌' 44개 중 43개는 '동일인(同一人)이 자연인인 대규모사기업집단'이며, 이를 '재벌(財閥)'로 부르기로 한다. 대규모사기업집단은 일반적으로 '그룹'으로 불리며, 따라서 '재벌'을 경우에 따라서는 '그룹' 또는 '집단'이라는 용어로도 사용하기로 한다.

동일인은 지배주주 또는 대표 주주를 가리킨다. 공기업집단의 동일인은 모두 법인이며, 사기업집단의 동일인은 일부는 법인이고 대다수는 자연인이다. 일반지주회사를 보유한 사기업집단 44개 중에서는 1개(농협)를 제외하고는 동일인이 자연인이다.

자연인인 동일인은 보통 오너(owner)로 불리며, 오너 개인 또는 일가가 해당 집단의 소유와 경영을 장악하는 것이 보통이다. 지주회사체제는 자연인인 동일인이 본인 또는 가족의 소유·경영권을 강화하기 위해 선호하는 지배구조이다. 동일인이 법인인 1개 집단(농협)은 편의상 재벌로 부르기로 한다.

(4) 지주회사체제는 '적극적인 지주회사체제'와 '소극적인 지주회사체제'의 두 유형으로 구분한다. 이 유형들은 지주회사체제의 완성 또는 성숙 정도를 가늠하기 위해 고안된 용어이다.

이를 위해 '지주회사체제 달성 비율'이라는 새로운 지표를 계산한다. '그룹 전체 계열회사 중 지주회사체제에 편입된 계열회사의 비중'이다. 이 비율이 30% 이상이면 적극적 지주회사체제로 그리고 30% 미만이면 소극적 지주회사체제로 분류한다.

'30% 기준'은 필자가 관련 연구를 진행하는 과정에서 적절한 것으로 판단한 일종의 '눈대중치'(rule of thumb)이며, 절대적인 기준은 아니다.

(5) 본 연구가 활용한 자료는 공정거래위원회 자료이다. 이 자료의 일부는 그대로 취하고 일부는 가공·변형하였다. 자료와 관련된 몇 가지 사항은 다음과 같다.

① '재벌의 지주회사체제 채택 연도'는 다음 2가지가 동시에 충족되는 연도이다: ⓐ 재벌이 대규모기업집단으로 지정된 연도 (4-9월 기준); ⓑ 재벌이 공정거래법상 일반지주회사를 보유한 연도 (5-9월 기준).

② '재벌/그룹 순위'는 자산총액 기준이다. 2002-2016년의 경우 공정거래위원회 자료에는 공기업집단과 사기업집단 전체의 순위가 제시되어져 있으며, 이들 중 사기업집단만의 순위를 별도로 매겨 분석에 사용하였다.

③ '그룹 소속 계열회사'는 그룹이 지정된 4-9월 현재의 수치이다.

④ '지주회사 이름'은 공정거래위원회의 발표 시점(5-9월) 현재의 이름이다.

⑤ '지주회사 편입 계열회사'는 이전 연도 12월 또는 해당 연도 지주회사 설립·전환일 현재의 수치이다.

⑥ '지주회사체제 달성 비율'은 그룹 전체 계열회사 중 지주회사체제에 편입된 계열회사의 비중이며, '[(지주회사 + 지주회사의 계열회사) ÷ 그룹 계열회사] × 100 (%)'으로 계산된다.

'그룹 계열회사'의 시점(4-9월)과 '지주회사 계열회사'의 시점 (이전 연도 12월 또는 해당 연도 지주회사 설립·전환일)이 다르므로, 지주회사체제 달성 비율은 대체적인 것이며 100%를 넘는 경우가 있음에 유의할 필요가 있다.

한편, 지주회사가 2개 이상인 경우 지주회사들 간의 독립성 및 종속성 여부를 고려하여 '(지주회사 + 지주회사의 계열회사)'를 계산하였으며, 이 과정에서 공정거래위원회 자료 중 일부 잘못된 부분은 바로 잡았다.

제2부

한국재벌과 지주회사체제, 2000-2019년: 주요 추세 및 특징

1. 재벌과 지주회사체제

1.1 연도별 추세, 1999-2019년

'공정거래법상 일반지주회사를 보유한 공정거래법상 대규모 사기업집단 (재벌)'은 2001년 이후 매년 2-29개, 그리고 '재벌 소속 일반지주회사'는 매년 2-39개이다 (<표 2.1>).

1.1.1 지주회사체제 채택 재벌

첫째, 일반지주회사를 보유한 재벌은 2-29개 사이에서 점진적으로 증가하였다.

2001년 2개이던 것이 2003-2004년 4-6개, 2005-2006년 9개

로 늘어났으며 2007년(14개)에는 10개를 넘어섰다. 2008-2009
년에는 11-13개로 조금 줄어들었다가 2010년 17개로 다시 늘어
났으며 2011년에는 20개가 되었다. 이후 조금씩 늘어나 2015년
에는 24개였다.

2016년에는 13개로 절반가량 줄어들었는데, 이는 지주회사체
제 분석 대상 재벌 전체 수가 2015년 50개에서 2016년 28개로
절반가량 줄어든 때문이었다. 2017년에는 지주회사체제 채택
재벌 수가 29개로 2배 이상 늘어나 역대 최고치를 기록하였으
며, 2018-2019년에는 조금 줄어든 27개이다.

2001년 이후 지주회사체제를 채택한 재벌은 모두 44개이며,
이 중 27개는 2019년 현재 존속하고 있고 나머지 17개는 2019
년 이전에 공정거래법상 일반지주회사를 가진 적이 있었다.

둘째, '전체 공정거래법상 재벌' 중에서 '일반지주회사 보유 재
벌'이 차지하는 비중 또한 7-52% 사이에서 증가 추세를 보였다.

2001년 7%(30개 재벌 vs. 2개 재벌)에 불과하던 것이 2005년
19%(48개 vs. 9개), 2007년 25%(55개 vs. 14개), 그리고 2009년
33%(39개 vs. 13개)로 늘어났으며, 2010년에는 40%(43개 vs. 17개)
가 되었다. 2011-2014년에는 41-44%(46-51개 vs. 20-22개) 그리고
2015-2016년에는 46-48%(28-50개 vs. 13-24개)로 더욱 늘어났으며,
2017년에는 52%(56개 vs. 29개)로 최고치를 기록하였다.
2018-2019년에는 조금 줄어든 47%(58개 vs. 27개)이다.

2015년 이후의 비율은 46-52%(28-58개 vs. 13-29개)이며 전
체 공정거래법상 재벌 중 절반가량이 지주회사체제를 채택하였다.

〈표 2.1〉 지주회사체제를 채택한 재벌, 1999-2019년: 연도별 추세

(1) 지주회사체제 채택 재벌

	공정거래법상 재벌 (A, 개)	지주회사체제 채택 재벌 (a, 개)	적극적인 지주회사체제 (a1, 개)	소극적인 지주회사체제 (a2, 개)	a/A (%)	a1/A (%)
1999	30	0	0	0	0	0
2001	30	2	1	1	7	3
2003	42	4	3	1	10	7
2004	45	6	4	2	13	9
2005	48	9	4	5	19	8
2006	52	9	5	4	17	10
2007	55	14	10	4	25	18
2008	68	11	8	3	16	12
2009	39	13	10	3	33	26
2010	43	17	13	4	40	30
2011	46	20	15	5	43	33
2012	51	21	18	3	41	35
2013	51	21	19	2	41	37
2014	50	22	19	3	44	38
2015	50	24	19	5	48	38
2016	28	13	8	5	46	29
2017	56	29	22	7	52	39
2018	58	27	23	4	47	40
2019	58	27	24	3	47	41
총합		44	33	11		

(2) 재벌 소속 일반지주회사

	공정거래법상 지주회사 (B, 개)	재벌 소속 지주회사 (b, 개)	적극적인 지주회사체제 소속 지주회사 (b1, 개)	소극적인 지주회사체제 소속 지주회사 (b2, 개)	b/B (%)	b1/B (%)
1999	0	0	0	0	0	0
2001	9	2	1	1	22	11
2003	15	4	3	1	27	20
2004	19	6	4	2	32	21
2005	22	10	4	6	45	18
2006	27	10	5	5	37	19
2007	36	15	11	4	42	31
2008	55	13	10	3	24	18
2009	70	16	13	3	23	19
2010	84	22	18	4	26	21
2011	92	26	21	5	28	23
2012	103	28	25	3	27	24
2013	114	30	28	2	26	25
2014	117	30	27	3	26	23
2015	130	29	24	5	22	18
2016	152	19	13	6	13	9
2017	183	39	30	9	21	16
2018	164	34	30	4	21	18
2019	163	37	33	4	23	20

주: 1) 재벌: 공정거래위원회 지정 대규모기업집단 중 동일인이 자연인인 사기업집단;
   동일인이 법인인 사기업집단 1개(농협)는 분석에 포함시킴.

2) 적극적인 지주회사체제 = 지주회사체제 달성 비율이 30% 이상인 경우; 소극적
   인 지주회사체제 = 비율이 30% 미만인 경우; 지주회사체제 달성 비율 = [(지주
   회사체제에 편입된 계열회사 수) ÷ (재벌 소속 전체 계열회사 수)] × 100 (%).

3) 재벌은 1999-2015년 4월, 2016-2017년 9월, 2018-2019년 5월 지정; 지주회사는
   2001·2003년 7월, 2004년 5월, 2005-2007년 8월, 2008-2019년 9월 지정,
   2000·2002년 자료 없음.

4) [2016년] 재벌은 4월 지정 53개 (자산 5조 원 이상), 9월 지정 28개 (10조 원 이
   상), 지주회사체제 분석 대상은 9월 지정 28개; [2017년] 재벌은 5월 지정 31개
   (10조 원 이상), 9월 지정 57개 (5조 원 이상), 지주회사체제 분석 대상은 9월
   지정 57개.

5) 3개 연도(2001, 2004, 2006년)의 공정거래위원회 '지주회사' 자료에는 집단 소속
   지주회사 표시 없음, '집단' 자료 및 다른 연도의 '지주회사' 자료로 보완함.

6) [1999, 2001년] 30개 사기업집단만 지정; [2003-2016년] 공기업집단도 지정, 공
   기업집단은 동일인이 법인이며 분석에서 제외함; [2017-2019년] 사기업집단만
   지정.

7) 금융 관련 3개 집단은 분석에서 제외함 (한국투자금융그룹 (2009-2013,
   2017-2019년), 미래에셋그룹 (2010년), 메리츠금융그룹 (2018년)), 2개 집단 소
   속 금융지주회사는 분석에서 제외함 (동원그룹 (2003-2004년), 삼성그룹 (2004
   년)), 1개 집단 소속 금융지주회사는 분석에 포함시킴 (농협그룹 (2012-2019
   년)).

8) 사기업집단 소속 금융지주회사:
   [2003년] 1개 (동원) 동원금융지주.
   [2004년] 2개 (삼성) 삼성에버랜드, (동원) 동원금융지주.
   [2009년] 2개 (한국투자금융) 한국투자금융지주, 한국투자운용지주.
   [2010년] 3개 (한국투자금융) 한국투자금융지주, 한국투자운용지주,
            (미래에셋) 미래에셋컨설팅.
   [2011년] 2개 (한국투자금융) 한국투자금융지주, 한국투자운용지주.
   [2012년] 2개 (한국투자금융) 한국투자금융지주, (농협) 농협금융지주.
   [2013년] 2개 (한국투자금융) 한국투자금융지주, (농협) 농협금융지주.
   [2014년] 1개 (농협) 농협금융지주.
   [2015년] 1개 (농협) 농협금융지주.
   [2016년] 1개 (농협) 농협금융지주.
   [2017년] 2개 (한국투자금융) 한국투자금융지주, (농협) 농협금융지주.
   [2018년] 3개 (한국투자금융) 한국투자금융지주, (농협) 농협금융지주,
            (메리츠금융) 메리츠금융지주.
   [2019년] 2개 (한국투자금융) 한국투자금융지주, (농협) 농협금융지주.

출처: 공정거래위원회.

셋째, 2001-2019년 사이 지주회사체제를 채택한 44개 재벌 중 33개는 적극적인 지주회사체제를 채택하였다. 즉 재벌 전체 계열회사의 대다수가 일반지주회사 및 그 계열회사였다 (지주회사체제 달성 비율 30% 이상). 나머지 11개 재벌은 소극적인 지주회사체제를 채택하여 계열회사의 일부만이 지주회사체제에 편입되었다 (지주회사체제 달성 비율 30% 미만).

적극적인 지주회사체제를 채택한 재벌은 1-24개 사이에서 증가 추세를 보였다. 2001년 1개, 2003-2006년 3-5개, 2007년 10개였으며, 2008년 8개로 줄어들었다가 2009-2015년 10-19개로 점진적으로 늘어났다. 2016년에는 8개로 일시적으로 줄어들었으며, 2017년 22개로 다시 증가한 이후 2019년에는 24개로 최고치를 기록하였다. 반면, 소극적인 지주회사체제를 채택한 재벌은 2001-2003년 1개이다가 2004년 이후에는 2-7개 사이에서 증가와 감소가 반복되었다. 최고치는 2017년의 7개였다.

2001년(1개 vs. 1개)과 2005년(4개 vs. 5개)을 제외하고는 '적극적인 지주회사체제를 채택한 재벌'이 '소극적인 지주회사체제를 채택한 재벌'보다 많았다. 2003-2004, 2006년에는 1-2개 차이(3-5개 vs. 1-4개)가 나다가 2007년부터 매년 격차가 더욱 벌어졌다. 2007-2010년에는 5-9개 차이(8-13개 vs. 3-4개)가 그리고 2011-2018년에는 10-19개 차이(15-23개 vs. 2-7개; 2016년 제외, 8개 vs. 5개)가 났으며, 2019년에는 21개(24개 vs. 3개)로 격차가 가장 컸다.

1.1.2 재벌 소속 일반지주회사

먼저, 재벌에 소속된 일반지주회사는 2001년 이후 2-39개 사이에서 점진적으로 증가하였다.

2001년 2개이던 것이 2003-2004년에는 4-6개 그리고 2005-2009년에는 10-16개였다. 2010년(22개) 20개를 넘어섰고, 2011-2012년 26-28개로 더욱 늘어난 뒤 2013-2014년에는 30개였다. 이어 2015년 29개, 2016년 19개로 줄어든 뒤, 2017년에는 39개로 다시 늘어나 역대 최고치를 기록하였다. 2018-2019년에는 조금 줄어든 34-37개이다.

2001-2004년에는 '재벌 소속 일반지주회사 수'(2-6개)가 '재벌 수'(2-6개)와 같았다. 즉 재벌들이 각각 1개씩의 일반지주회사만 보유하였다. 그러다가 2005년부터 2개 이상 일반지주회사를 보유하는 재벌들이 생기면서 재벌 소속 일반지주회사의 수가 재벌 수보다 1-10개 많아졌으며 매년 격차가 더 벌어졌다. 가장 큰 격차는 2017년(39개 vs. 29개)과 2019년(37개 vs. 27개)의 10개이다.

둘째, '전체 공정거래법상 일반지주회사' 중에서 '재벌 소속 일반지주회사'가 차지하는 비중은 13-45% 사이에서 '증가 후 감소'의 추세를 보였다.

2001년 22%(9개 일반지주회사 vs. 2개 일반지주회사)이던 것이 2005년(45%, 22개 vs. 10개)과 2007년(42%, 36개 vs. 15개)에는 40% 이상이 되었는데, 이후 신설 지주회사가 급격하게 늘어나면서 그 비중이 25% 내외(21-28%; 2016년 13%)로 낮아졌다. 2008년 24%(55개 vs. 13개) 그리고 2011년 28%(92개 vs. 26개)이었으며, 2019년 현재에는 23%(163개 vs. 37개)이다.

셋째, 2001년(1개 vs. 1개)과 2005-2006년(4-5개 vs. 5-6개)을 제외하고는 '적극적인 지주회사체제를 채택한 재벌 소속 지주회사'가 '소극적인 지주회사체제를 채택한 재벌 소속 지주회사'보다 더 많았다.

2003-2004년(3-4개 vs. 1-2개)에는 2개 차이가 나다가 2007년부터 매년 격차가 벌어져 7-29개의 차이가 났다. 2007-2008년 7개 (10-11개 vs. 3-4개), 2009-2011년 10-16개 (13-21개 vs. 3-5개), 2012-2014년 22-26개 (25-28개 vs. 2-3개), 2015년 19개 (24개 vs. 5개), 2016년 7개 (13개 vs. 6개), 2017-2019년 21-29개 (30-33개 vs. 4-9개) 등이다. 가장 큰 격차는 2019년의 29개(33개 vs. 4개)이다.

1.2 지주회사체제를 채택한 44개 재벌, 1999-2019년

1.2.1 개관

1999년 이후 2019년까지 지주회사체제를 채택한 재벌은 모두 44개이다. 44개 재벌 중, 27개는 2019년 현재 지주회사체제를 유지하고 있고, 33개는 적극적인 지주회사체제를 채택하였다 (<표 2.2>; <표 2.1> 참조).

첫째, 44개 재벌 중 '2019년 현재의 27개 재벌'의 대다수인 24개는 적극적인 지주회사체제를 그리고 나머지 3개는 소극적인 지주회사체제를 채택하였다. 2019년 이전에 지주회사체제를 채택한 적이 있는 17개 재벌 중에서는, 9개는 적극적인 지주회사체제를 그리고 8개는 소극적인 지주회사체제를 가졌다.

둘째, 44개 재벌 중 '적극적인 지주회사체제를 채택한 33개 재벌'의 대다수인 24개는 2019년 현재 지주회사체제를 유지하고 있다. 순위 1-10위 재벌이 6개 (SK, LG, 롯데, GS, 농협, 현대중공업), 11-30위 재벌이 8개 (한진, CJ, 부영, LS, 현대백화점, 효성, 하림, 코오롱), 31위 이하 재벌이 10개 (HDC, 한국타이어, 세아, 셀트리온, 태영, 동원, 한라, 아모레퍼시픽, 하이트진로, 애경) 등이다. 2019년 이전에 적극적인 지주회사체제를 유지한 적이 있는 9개 재벌 중에서는 1-10위가 1개 (금호아시아나), 11-30위가 2개 (두산, STX), 그리고 31위 이하가 6개이다 (농심, 대성, 오리온, 웅진, 한솔, 한진중공업).

한편 2019년 현재 소극적인 지주회사체제를 채택하고 있는 재벌은 3개이며, 순위가 1-10위인 재벌이 1개 (한화) 그리고 11-30위 재벌이 2개이다 (신세계, 대림). 또 2019년 이전에 소극적인 지주회사체제를 채택한 8개 재벌 중에서는 1-10위 2개 (삼성, 현대자동차), 11-30위 1개 (동부), 그리고 31위 이하 5개이다 (네이버, 넥슨, 대한전선, SM, 태광).

〈표 2.2〉 지주회사체제를 채택한 44개 재벌, 1999-2019년

(1) 개관 (개)

	합	2019년 현재 존속	2019년 이전 존속
지주회사체제 채택 재벌	44	27	17
[지주회사체제 유형]			
적극적인 지주회사체제	33	24	9
소극적인 지주회사체제*	11*	3*	8*
[그룹 순위]			
1-10위	10: 7, 3*	7: 6, 1*	3: 1, 2*
11-30위	13: 10, 3*	10: 8, 2*	3: 2, 1*
31위 이하	21: 16, 5*	10: 10, 0*	11: 6, 5*
[지주회사체제 시작 연도]			
1999-2004년	5: 4, 1*	3: 3, 0*	2: 1, 1*
2005-2009년	13: 10, 3*	5: 4, 1*	8: 6, 2*
2010-2014년	12: 10, 2*	9: 9, 0*	3: 1, 2*
2015-2019년	14: 9, 5*	10: 8, 2*	4: 1, 3*

(2) 그룹 순위 (* 소극적인 지주회사체제)

순위	2019년 현재 존속	2019년 이전 존속
1-10위	SK, LG, 롯데, GS, 농협, 현대중공업	금호아시아나
	한화*	삼성*, 현대자동차*
11-30위	한진, CJ, 부영, LS, 현대백화점, 효성, 하림, 코오롱	두산, STX
	신세계*, 대림*	동부*
31위 이하	HDC, 한국타이어, 세아, 셀트리온, 태영, 동원, 한라, 아모레퍼시픽, 하이트진로, 애경	농심, 대성, 오리온, 웅진, 한솔, 한진중공업
	-	네이버*, 넥슨*, 대한전선*, SM*, 태광*

(3) 지주회사체제 시작 연도 (* 소극적인 지주회사체제)

연도	재벌 수 (개)	2019년 현재 존속	2019년 이전 존속
1999	0	-	-
2000	1	SK	-
2001	1	LG	-
2002	0	-	-
2003	1	-	농심
2004	2	세아	삼성*
2005	3	GS, 한화*	STX
2006	1	현대백화점	-
2007	5	CJ	금호아시아나, 오리온, 한진중공업, 현대자동차*
2008	2	LS	대한전선*
2009	2	-	두산, 웅진
2010	4	부영, 코오롱, 하이트진로, 한진	-
2011	3	-	동부*, 대성, 태광*
2012	2	농협, 태영	-
2013	1	아모레퍼시픽	-
2014	2	한국타이어, 한라	-
2015	2	대림*	한솔
2016	1	신세계*	-
2017	8	동원, 셀트리온, 하림, 현대중공업, 효성	네이버*, 넥슨*, SM*
2018	1	롯데	-
2019	2	애경, HDC	-

(4) 지주회사체제 채택 연도 및 연도 수 (* 소극적인 지주회사체제)

연도 수 (년)	재벌 수 (개)	그룹	지주회사체제 채택 연도 (년)	그룹	지주회사체제 채택 연도 (년)
20	1	SK	2000-19		
19	1	LG	2001-19		
15	3	삼성*	2004-18	GS	2005-19
		한화*	2005-19		
14	1	세아	2004-07, 09-15, 17-19		
13	1	CJ	2007-19		
12	1	LS	2008-19		
11	2	한진중공업	2007-15, 17-18	현대백화점	2006-15, 19
10	2	부영	2010-19	한진	2010-19
9	2	코오롱	2010-15, 17-19	하이트진로	2010-15, 17-19
8	1	농협	2012-19		
7	1	태영	2012-15, 17-19		
6	2	두산	2009-14	아모레퍼시픽	(2007), 13-15, 17-19
5	7	농심	2003-07	대림*	2015-19
		대성	2011-15	웅진	2009-13
		태광*	2011-15	한국타이어	2014-15, 17-19
		한라	2014-15, 17-19		
4	2	대한전선*	2008-11	신세계*	2016-19

연도 수 (년)	재벌 수 (개)	그룹	지주회사체제 채택 연도 (년)	그룹	지주회사체제 채택 연도 (년)
3	6	동원	(2003-04), 17-19	셀트리온	2017-19
		하림	2017-19	한솔	2015, 17-18
		현대중공업	2017-19	효성	2017-19
2	3	금호아시아나	2007-08	동부*	2011-12
		롯데	(2005-06, 15-16), 18-19		
1	8	네이버*	2017	넥슨*	2017
		오리온	2007	애경	2019
		SM*	2017	STX	2005
		HDC	2019	현대자동차*	2007

주: 1) 연도 수: 공정거래위원회 자료는 18개 연도(2001, 2003-2019년)에 발표됨; 다른 3개 연도의 지주회사체제 채택 재벌은 1999년 0개, 2000년 1개(SK), 2002년 2개(SK, LG)임; SK와 LG는 '21개 연도'를 기준으로 함.
2) 지주회사체제 채택 연도: '공정거래법상 대규모기업집단'으로서 '공정거래법상 일반지주회사'를 보유한 연도임.
① 현대백화점: 2006-2015년에 1개 지주회사(㈜HC& → 현대HC&)가 있었으며, 2019년에 1개 지주회사(현대홈쇼핑)가 새로 지정됨, 지주회사체제 시작 연도를 2006년으로 함.
② 아모레퍼시픽: 지주회사(태평양 → 아모레퍼시픽그룹)는 2007년에 지정되었으며, 그룹은 2007-2008, 2013-2015, 2017-2019년에 대규모기업집단으로 지정됨, 지주회사체제 시작 연도를 2013년으로 함.
③ 동원: 지주회사(동원엔터프라이즈)는 2001년에 지정되었으며, 그룹은 2002-2004, 2017-2019년에 대규모기업집단으로 지정됨, 지주회사체제 시작 연도를 2017년으로 함.
④ 롯데: 2005-2006년, 2015-2016년에 각각 2개(롯데물산, 롯데산업), 1개(이지스일호) 지주회사가 있었으며, 2018년에 1개 지주회사(롯데지주)가 새로 지정됨, 지주회사체제 시작 연도를 2018년으로 함.
출처: 공정거래위원회, 제4부.

1.2.2 지주회사체제 채택 시기

44개 재벌 중 5개(11%)는 2000-2004년에, 13개(30%)는 2005-2009년에, 12개(27%)는 2010-2014년에, 그리고 14개(32%)는 2015-2019년에 지주회사체제를 도입하였다 (<표 2.2>).

지주회사제도가 허용된 1999년 및 2002년의 2개 연도를 제외한 나머지 19개 연도에서 매년 1-8개의 재벌이 지주회사체제를 도입하였다. 8개 재벌이 도입한 연도가 1개 (2017년), 5개 재벌 도입 연도 1개 (2007년), 4개 재벌 도입 연도 1개 (2010년), 3개 재벌 도입 연도 2개 (2005, 2011년), 2개 재벌 도입 연도 7개, 1개 재벌 도입 연도 7개 등이다.

첫째, 지주회사체제를 최초로 도입한 재벌은 2000년의 SK그룹이다. 2001년 LG가 두 번째로 지주회사체제를 도입하였으며, 2003년에는 농심이 그리고 2004년에는 세아와 삼성이 그 뒤를 이었다.

따라서 지주회사체제를 채택한 44개 재벌 중 1/10남짓(11%)인 5개만 2000년대 전반에 시작하였으며, 이들 중 3개(SK, LG, 세아)는 2019년 현재에도 지주회사체제를 유지하고 있고 3개 모두 적극적인 지주회사체제를 채택하였다. 2019년 현재, SK의 지주회사체제 역사가 20년으로 가장 오래되었고, 그다음이 LG의 19년이다. 세아의 역사는 14년이다.

둘째, 44개 재벌 중 1/3가량(30%)인 13개는 2005-2009년 사이에 지주회사체제를 채택하였다. 2005년 3개 (GS, 한화, STX),

2006년 1개 (현대백화점), 2007년 5개 (CJ, 금호아시아나, 오리온, 한진중공업, 현대자동차), 2008년 2개 (LS, 대한전선), 2009년 2개 (두산, 웅진) 등이다.

13개 재벌 중 2019년 현재에도 지주회사체제를 유지하고 있는 재벌은 절반 이하인 5개이며 (GS, 현대백화점, CJ, LS, 한화), 앞의 4개 재벌은 적극적인 지주회사체제를 채택하였다. 2019년 현재, 이들 5개 재벌의 지주회사체제 역사는 15년 (GS, 한화), 13년 (CJ), 12년 (LS) 그리고 11년(현대백화점)이다.

셋째, 44개 재벌 중 1/3가량(27%)인 12개는 2010-2014년 사이에 지주회사체제를 채택하였다. 2010년 4개 (부영, 코오롱, 하이트진로, 한진), 2011년 3개 (동부, 대성, 태광), 2012년 2개 (농협, 태영), 2013년 1개 (아모레퍼시픽), 2014년 2개 (한국타이어, 한라) 등이다.

2010-2014년 시작 12개 재벌 중 3개(대성, 동부, 태광)를 제외한 9개는 2019년 현재 지주회사체제를 유지하고 있으며 모두 적극적인 체제를 채택하였다. 2019년 현재 이들 9개 재벌의 지주회사체제 역사는 10년 (부영, 한진) 그리고 9-5년이다 (코오롱, 하이트진로; 농협; 태영; 아모레퍼시픽; 한국타이어, 한라).

넷째, 44개 재벌 중 나머지 1/3가량(32%)인 14개는 2015-2019년에 지주회사체제를 도입하였다. 2015년 2개 (대림, 한솔), 2016년 1개 (신세계), 2017년 8개 (동원, 셀트리온, 하림, 현대중공업, 효성, 네이버, 넥슨, SM), 2018년 1개 (롯데), 2019년 2개 (애경, HDC) 등이다. 2017년의 '8개'는 연도별 채택 재벌 수

로는 가장 많다.

2015-2019년 시작 14개 재벌 중 4개(한솔, 네이버, 넥슨, SM)를 제외한 10개는 2019년 현재 지주회사체제를 유지하고 있으며, 8개는 적극적인 체제를 채택하였다. 2019년 현재 이들 10개 재벌의 지주회사체제 역사는 5-1년이다.

전체적으로 보면, 2019년 현재 10년 이상의 지주회사체제 역사를 가지고 있는 재벌은 10개이며 (SK 20년, LG 19년, GS 15년, 한화 15년, 세아 14년, CJ 13년, LS 12년, 현대백화점 11년, 부영 10년, 한진 10년), 44개 재벌 중에서는 1/4가량(23%) 그리고 2019년 현재의 27개 재벌 중에서는 2/5가량(37%)이다. 1개(한화)를 제외한 9개는 적극적인 지주회사체제를 채택하였다.

1.3 지주회사체제를 채택한 27개 재벌, 2019년

1.3.1 개관

2019년 9월 현재 공정거래법상 일반지주회사를 계열회사로 가지고 있는 대규모사기업집단(재벌)은 27개이다. 27개 재벌 중 26개의 동일인은 자연인이고, 17개의 재벌 순위는 1-10위(7개) 그리고 11-30위(10개)이며, 24개는 적극적인 지주회사체제를 채택하였다 (<표 2.3>, <표 2.4>).

첫째, 2019년 5월 현재 대규모기업집단으로 지정된 집단은 58개이며, 이들 중 50개의 동일인은 자연인이고 나머지 8개의 동일인은 법인이다. 지주회사체제를 채택한 27개 집단 중에서는 거의 전부인 26개의 동일인이 자연인이다. '자연인이 동일인'인 50개 집단 전체의 52%에 해당한다. 이에 비해, 27개 집단 중 법인이 동일인인 집단은 1개(농협)이며, '법인이 동일인'인 8개 집단 전체에서 차지하는 비중은 13%이다.

27개 집단 중 24개(농협 포함)는 적극적인 지주회사체제를 채택하고 있는데, 지주회사체제가 오너(owner)로 불리는 동일인(지배주주 또는 대표주주)이 본인이나 가족의 소유·경영권을 강화하기 위해 선호하는 지배구조임을 알 수 있다.

〈표 2.3〉 지주회사체제를 채택한 27개 재벌, 2019년 9월:
(1) 대규모기업집단 58개 vs. 지주회사체제 채택 집단 27개

(1) 개관

		집단 순위 (위)				동일인 유형		합
		1-10	11-30	[1-30]	31+	자연인	법인	
대규모기업집단	(A, 개)	10	20	[30]	28	50	8	58
지주회사체제 채택 집단	(a, 개)	7	10	[17]	10	26	1	27
적극적인 지주회사체제	(a1)	6	8	[14]	10	23	1	24
소극적인 지주회사체제	(a2)	1	2	[3]		3		3
	(a/A, %)	70	50	[57]	36	52	13	47
	(a1/A, %)	60	40	[47]	36	46	13	41

(2) 27개 집단: 적극적인 지주회사체제 24개 (**), 소극적인 지주회사체제 3개 (*)

순위	그룹	계열회사 (개)	자산총액 (조 원)	동일인
1	삼성	62	414.5	이재용
2	현대자동차	53	223.5	정몽구
3	** SK	111	218.0	최태원
4	** LG	75	129.6	구광모
5	** 롯데	95	115.3	신동빈
6	POSCO	35	78.3	㈜POSCO
7	* 한화	75	65.6	김승연
8	** GS	64	62.9	허창수
9	** 농협	44	59.2	농업협동조합중앙회
10	** 현대중공업	31	54.8	정몽준
11	* 신세계	40	36.4	이명희
12	KT	43	34.0	㈜KT
13	** 한진	32	31.7	조원태
14	** CJ	75	31.1	이재현
15	두산	23	28.5	박정원
16	** 부영	24	22.8	이중근
17	** LS	53	22.6	구자홍
18	* 대림	26	18.0	이준용
19	미래에셋	38	16.9	박현주
20	S-Oil	3	16.3	S-Oil㈜
21	** 현대백화점	28	15.3	정지선
22	** 효성	57	13.5	조석래
23	(한국투자금융)	30	13.3	김남구
24	대우조선해양	5	13.0	대우조선해양㈜
25	영풍	24	12.0	장형진
26	** 하림	53	11.9	김홍국
27	교보생명보험	14	11.7	신창재
28	금호아시아나	27	11.4	박삼구
29	KT&G	11	11.2	㈜KT&G
30	** 코오롱	41	10.7	이웅열

순위	그룹		계열회사 (개)	자산총액 (조 원)	동일인
31		OCI	19	10.7	이우현
32		카카오	71	10.6	김범수
33	**	HDC	24	10.6	정몽규
34		KCC	15	10.4	정몽진
35		SM	65	9.8	우오현
36		대우건설	14	9.6	㈜대우건설
37		중흥건설	34	9.5	정창선
38	**	한국타이어	25	9.5	조양래
39	**	세아	24	9.4	이순형
40		태광	23	9.3	이호진
41		이랜드	29	9.3	박성수
42	**	셀트리온	10	8.8	서정진
43		DB	20	8.7	김준기
44		호반건설	33	8.5	김상열
45		네이버	42	8.3	이해진
46	**	태영	53	8.3	윤세영
47		넥슨	21	7.9	김정주
48	**	동원	24	7.8	김재철
49	**	한라	15	7.7	정몽원
50	**	아모레퍼시픽	13	7.6	서경배
51		삼천리	20	6.8	이만득
52		한국GM	3	6.6	한국GM㈜
53		동국제강	12	6.5	장세주
54		유진	54	6.3	유경선
55		금호석유화학	11	5.8	박찬구
56	**	하이트진로	17	5.6	박문덕
57		넷마블	23	5.5	방준혁
58	**	애경	40	5.2	장영신
59		다우키움	57	5.0	김익래

주: 1) 그룹은 5월, 지주회사는 9월 지정.
   2) 한국투자금융그룹 (23위): 금융지주회사(한국투자금융지주)를 보유하고 있으며, 분석에서 제외함.
출처: 공정거래위원회.

① [적극적인 지주회사체제 24개 재벌] SK (3위, 최태원), LG (4위, 구광모), 롯데 (5위, 신동빈), GS (8위, 허창수), 농협 (9위, 농업협동조합중앙회), 현대중공업 (10위, 정몽준), 한진 (13위, 조원태), CJ (14위, 이재현), 부영 (16위, 이중근), LS (17위, 구자홍), 현대백화점 (21위, 정지선), 효성 (22위, 조석래), 하림 (26위, 김홍국), 코오롱 (30위, 이웅렬), HDC (33위, 정몽규), 한국타이어 (38위, 조양래), 세아 (39위, 이순형), 셀트리온 (42위, 서정진), 태영 (46위, 윤세영), 동원 (48위, 김재철), 한라 (49위, 정몽원), 아모레퍼시픽 (50위, 서경배), 하이트진로 (56위, 박문덕), 애경 (58위, 장영신). ② [소극적인 지주회사체제 3개 재벌] 한화 (7위, 김승연), 신세계 (11위, 이명희), 대림 (18위, 이준용).

둘째, 27개 재벌의 순위(자산총액 기준)를 살펴보면, 절반 이상(57%)인 17개는 1-30위 그리고 나머지 10개(43%)는 31위 이하이다. 전자의 17개 중에서 7개는 1-10위이다. 자산총액 규모가 크고 한국경제에서 보다 큰 영향력을 행사하고 있는 상위 재벌들이 보다 빈번하게 지주회사체제를 채택하고 있다.

① [1-10위, 7개; 전체 10개 중 70%] (적극적인 지주회사체제 6개) SK, LG, 롯데, GS, 농협, 현대중공업, (소극적인 지주회사체제 1개) 한화. ② [11-30위, 10개; 전체 20개 중 50%] (적극적인 체제 8개) 한진, CJ, 부영, LS, 현대백화점, 효성, 하림, 코오롱, (소극적인 체제 2개) 신세계, 대림. ③ [31위 이하, 10개; 전체 28개 중 36%] (적극적인 체제 10개) HDC, 한국타이어, 세아, 셀트리온, 태영, 동원, 한라, 아모레퍼시픽, 하이트진로, 애경.

1.3.2 재벌별 현황

27개 재벌의 지주회사체제 달성 비율은 100-18% 사이 그리고 지주회사체제에 편입된 계열회사는 98-5개 사이이다. 또 8개 재벌은 2-4개씩의 지주회사를 가졌다 (<표 2.4>).

〈표 2.4〉 지주회사체제를 채택한 27개 재벌, 2019년 9월:
(2) 재벌별 현황

(1) 적극적인 지주회사체제: 24개 재벌

그룹			지주회사체제			지주회사체제 달성 비율 (B/A, %)
이름	순위	계열회사 (A, 개)	지주회사 (a)	계열회사 (b, 개)	a+b (B, 개)	
SK	3	111			[98]	88
			SK㈜	82	83	
			SK이노베이션	11	12	
			라이프앤사이큐리티홀딩스	3	4	
			SK디스커버리	14	15	
LG	4	75	㈜LG	72	73	97
롯데	5	95	롯데지주	62	63	66
GS	8	64			[38]	59
			㈜GS	37	38	
			GS에너지	11	12	
농협	9	44	농협금융지주	16	17	39
현대중공업	10	31			[22]	71
			현대중공업지주	21	22	
			한국조선해양	14	15	

그룹			지주회사체제			지주회사체제 달성 비율 (B/A, %)
이름	순위	계열회사 (A, 개)	지주회사 (a)	계열회사 (b, 개)	a+b (B, 개)	
한진	13	32	한진칼	25	26	81
CJ	14	75	CJ㈜	70	71	95
부영	16	24			[14]	58
			부영	11	12	
			동광주택산업	1	2	
LS	17	53			[40]	75
			㈜LS	29	30	
			LSA홀딩스	1	2	
			예스코홀딩스	9	10	
현대백화점	21	28	현대홈쇼핑	10	11	39
효성	22	57			[37]	65
			효성	33	34	
			에스에스씨	2	3	
하림	26	53	하림지주	45	46	87
코오롱	30	41	코오롱	34	35	85
HDC	33	23	HDC㈜	19	20	83
한국타이어	38	25	한국테크놀로지그룹	12	13	52
세아	39	24			[20]	83
			세아홀딩스	13	14	
			세아제강지주	5	6	
셀트리온	42	10	셀트리온홀딩스	4	5	50
태영	46	53	SBS미디어홀딩스	20	21	40

| 그룹 | | | 지주회사체제 | | | 지주회사 체제 달성 비율 (B/A, %) |
이름	순위	계열 회사 (A, 개)	지주회사 (a)	계열 회사 (b, 개)	a+b (B, 개)	
동원	48	24	동원 엔터프라이즈	22	23	96
한라	49	15	한라홀딩스	14	15	100
아모레퍼시픽	50	13	아모레퍼시픽 그룹	12	13	100
하이트진로	56	17	하이트진로 홀딩스	10	11	65
애경	58	40	AK홀딩스	25	26	65

(2) 소극적인 지주회사체제: 3개 재벌

이름	순위	계열 회사	지주회사	계열 회사	a+b	비율
한화	7	75			[14]	19
			한화도시개발	7	8	
			한화종합화학	5	6	
신세계	11	40	신세계프라퍼티	6	7	18
대림	18	26	대림에너지	4	5	19

주: 1) 그룹은 5월, 지주회사는 9월 지정.
  2) ① (SK) SK이노베이션은 SK㈜의 자회사, 라이프앤시큐리티홀딩스는 SK㈜의 손자회사, SK㈜와 SK디스커버리는 지분 관계 없음; (LS) LSA홀딩스는 ㈜ LS의 손자회사, ㈜LS와 예스코홀딩스는 지분 관계 없음.
    ② (GS) GS에너지는 ㈜GS의 자회사; (현대중공업) 한국조선해양은 현대중공업 지주의 자회사.
    ③ 다음은 지분 관계 없음: (부영) 부영, 동광주택산업; (효성) 효성, 에스에스씨; (세아) 세아홀딩스, 세아제강지주; (한화) 한화도시개발, 한화종합화학.
  3) 지주회사 계열회사: 2020년 2월 29일 현재, '2019년 지주회사 현황' 통계 자료(9월 지정) 없음, '소유지분도'(5월 현재)를 기준으로 함, 소유지분도에서 확인 가능하지 않은 5개 그룹(SK, 롯데, 현대중공업, 코오롱, HDC)은 '2019년 지주회사 분석 자료'를 기준으로 함.
출처: 공정거래위원회.

첫째, 27개 재벌의 '지주회사체제 달성 비율'([지주회사체제 편입 회사 수 ÷ 재벌 전체 계열회사 수] × 100)은 100%에서 18%에 이르기까지 다양하다. 이 비율이 30% 이상이면 적극적인 지주회사체제로 그리고 30% 미만이면 소극적인 지주회사체제로 분류된다. '30%'는 지주회사체제의 완성도 또는 성숙도를 가늠하기 위해 잠정적으로 설정한 기준이다.

적극적인 지주회사체제를 채택한 24개 재벌의 비율은 100-39% 사이 그리고 소극적인 지주회사체제를 채택한 3개 재벌의 비율은 19-18%이다. 전자의 24개 재벌 중에서는 절반 이상인 13개의 비율이 70% 이상이다.

① [100%, 2개] 한라, 아모레퍼시픽. ② [97-95%, 3개] LG, 동원, CJ. ③ [88-81% 6개] SK, 하림, 코오롱, HDC, 세아, 한진. ④ [75-71%, 2개] LS, 현대중공업. ⑤ [66-65%, 4개] 롯데, 효성, 하이트진로, 애경. ⑥ [59-50%, 4개] GS, 부영, 한국타이어, 셀트리온. ⑦ [40%, 1개] 태영. ⑧ [39%, 2개] 농협, 현대백화점. ⑨ [19-18%, 3개] 한화, 대림, 신세계.

둘째, 27개 재벌의 '지주회사체제 편입 계열회사 수'는 98개에서 5개 사이이다. 편입 계열회사 수가 많고 지주회사체제 달성 비율이 높으면 지주회사체제가 보다 성숙한 것으로 볼 수 있다.

적극적인 지주회사체제를 채택한 24개 재벌은 98-5개 계열회사 그리고 소극적인 지주회사체제를 채택한 3개 재벌은 14-5개 계열회사와 관련되어 있다. 전자의 24개 재벌 중 2/5가량(38%)인 9개 재벌에서는 편입 계열회사가 30개 이상이다.

① [98개 회사 편입, 1개 재벌] SK (지주회사체제 달성 비율 88%). ② [73-71개 회사 편입, 2개 재벌] LG (97%), CJ (95%). ③ [63개 회사 편입, 1개 재벌] 롯데 (66%). ④ [46-40개 회사 편입, 2개 재벌] 하림 (87%), LS (75%). ⑤ [38-35개 회사 편입, 3개 재벌] GS (59%), 효성 (65%), 코오롱 (85%). ⑥ [26-20개 회사 편입, 7개 재벌] 한진 (81%), 애경 (65%), 동원 (96%), 현대중공업 (71%), 태영 (40%), HDC (83%), 세아 (83%). ⑦ [17-11개 회사 편입, 8개 재벌] 농협 (39%), 한라 (100%), 부영 (58%), 한국타이어 (52%), 아모레퍼시픽 (100%), 현대백화점 (39%), 하이트진로 (65%), 한화 (19%, 소극적 체제), ⑧ [7-5개 회사 편입, 3개 재벌] 셀트리온 (50%), 신세계 (18%, 소극적 체제), 대림 (19%, 소극적 체제).

셋째, 27개 재벌 중 1/3가량(30%)인 8개는 각각 2-4개씩의 지주회사를 보유하였다. 8개 재벌 중 7개는 적극적인 지주회사체제를 그리고 1개는 소극적인 지주회사체제를 채택하였다. 지주회사 수가 많고 지주회사체제 편입 계열회사 수가 많으며 지주회사체제 달성 비율이 높으면 지주회사체제가 보다 성숙하고 보다 짜임새 있게 구축된 것으로 볼 수 있다.

① [4개 지주회사, 1개 재벌] SK (지주회사체제 편입 계열회사 98개, 지주회사체제 달성 비율 88%). ② [3개 지주회사, 1개 재벌] LS (40개, 75%). ③ [2개 지주회사, 6개 재벌] GS (38개, 59%), 현대중공업 (22개, 71%), 부영 (14개, 58%), 효성 (37개, 65%), 세아 (20개, 83%), 한화 (14개, 19%, 소극적 체제).

SK의 4개 지주회사 중 2개는 독립적이고 2개는 앞의 2개 중 1개에 종속되어 있다. 또 LS의 3개 지주회사 중 2개는 독립적이고 1개는 앞의 2개 중 1개에 종속되어 있다. 2개 지주회사 보유 6개 재벌의 경우에는, 4개 재벌(부영, 효성, 세아, 한화)에서는 지주회사들이 상호 독립적이고 2개 재벌(GS, 현대중공업)에서는 지주회사들 간에 종속 관계가 형성되어 있다.

2. 그룹 순위

2.1 44개 재벌, 2001-2019년

2001-2019년 사이 지주회사체제를 채택한 44개 재벌 중 11개는 공정거래법상 사기업집단 중에서의 순위 1-10위에 그리고 14개는 11-30위에 속한 적이 있었다. 나머지 19개 재벌은 31위 이하였다 (<표 2.5>, <표 2.6>).

첫째, 1-10위에 속한 적이 있는 재벌은 11개이다. 5개(SK, LG, 롯데; 삼성, 현대자동차)는 1-5위에 그리고 6개(GS, 농협, 현대중공업, 한진, 금호아시아나; 한화)는 6-10위에 속한 적이 있었다. 앞의 5개 재벌은 모두 1-5위를 유지하였고, 뒤의 6개 재벌 중에서는 3개(GS, 현대중공업, 금호아시아나)가 6-10위를 유지하였다.

11개 재벌 중 8개(SK, LG, 롯데, GS, 농협, 현대중공업, 한진, 금호아시아나)는 적극적인 지주회사체제를 그리고 3개(한화, 삼성, 현대자동차)는 소극적인 지주회사체제를 채택하였다. 또 11개 재벌 중 8개(SK, LG, 롯데, GS, 농협, 현대중공업, 한진; 한화)는 2019년 현재 지주회사체제를 채택하고 있고, 3개(금호 아시아나; 삼성, 현대자동차)는 그 이전에 채택한 적이 있었다.

둘째, 11-30위에 속한 적이 있는 재벌은 14개이다. 7개(CJ, 부영, LS, 두산; 신세계, 대림, 동부)는 11-20위에 그리고 7개 (현대백화점, 효성, 하림, 코오롱, STX, 한진중공업; 대한전선) 는 21-30위에 속한 적이 있었다. 앞의 7개 재벌 중 1개(부영)를 제외한 6개는 11-20위를 줄곧 유지하였으며, 뒤의 7개 재벌 중 에서는 2개(효성, STX)만 21-30위를 유지하였다.

〈표 2.5〉 지주회사체제를 채택한 44개 재벌, 2001-2019년:
그룹 순위 - 개관

		순위 (위)				합 (T)
		1-10	11-30	[1-30]	31+	
지주회사체제 채택 재벌	(a, 개)	11	14	[25]	19	44
적극적인 지주회사체제	(a1)	8	10	[18]	15	33
소극적인 지주회사체제	(a2)	3	4	[7]	4	11
	(a/T, %)	25	32	[57]	43	100

주: [1-30위] 해당 순위에 속한 적이 있는 재벌; [a] 1-60위.
출처: <표 2.6>.

'11-30위' 14개 재벌 중 10개(CJ, 부영, LS, 현대백화점, 효성, 하림, 코오롱, 두산, STX, 한진중공업)는 적극적인 지주회사체제를 그리고 4개(신세계, 대림, 동부, 대한전선)는 소극적인 지주회사체제를 채택하였다. 또 14개 재벌 중 9개(CJ, 부영, LS, 현대백화점, 효성, 하림, 코오롱; 신세계, 대림)는 2019년 현재 지주회사체제를 채택하고 있고 5개(두산, STX, 한진중공업; 동부, 대한전선)는 그 이전에 채택한 적이 있었다.

셋째, 순위가 31위 이하인 재벌은 19개이다. 12개(HDC, 한국타이어, 세아, 셀트리온, 태영, 동원, 한라, 하이트진로, 웅진, 대성, 농심; 태광)는 31-40위에 속한 적이 있었고, 이들 중 2개(HDC, 한국타이어)는 31-40위를 줄곧 유지하였다. 19개 재벌 중 나머지 7개(아모레퍼시픽, 애경, 한솔, 오리온; SM, 네이버, 넥슨)의 순위는 43-60위였으며, '2018년 한솔 60위'가 가장 낮은 순위이다.

19개 재벌 중 15개(HDC, 한국타이어, 세아, 셀트리온, 태영, 동원, 한라, 아모레퍼시픽, 하이트진로, 애경, 웅진, 대성, 농심, 한솔, 오리온)는 적극적인 지주회사체제를 그리고 4개(태광, SM, 네이버, 넥슨)는 소극적인 지주회사체제를 채택하였다. 또 19개 재벌 중 10개(HDC, 한국타이어, 세아, 셀트리온, 태영, 동원, 한라, 아모레퍼시픽, 하이트진로, 애경)는 2019년 현재 지주회사체제를 채택하고 있고, 9개(웅진, 대성, 농심, 한솔, 오리온; 태광, SM, 네이버, 넥슨)는 그 이전에 채택한 적이 있었다.

<표 2.6> 지주회사체제를 채택한 44개 재벌, 2001-2019년:
그룹 순위 - 재벌별 현황

(1) 1-10위에 속한 적이 있는 재벌: 11개 [순위 (위)]

	2019년 현재 존속								2019년 이전 존속		
	SK	LG	롯데	GS	농협	현대중공업	한진	한화*	금호아시아나	삼성*	현대자동차*
2001	4	3									
2003	3	2									
2004	4	2								1	
2005	4	3	5	9				10		1	
2006	3	4	5	8				11		1	
2007	3	4		8				12	9	1	2
2008	3	4		7				12	10	1	
2009	3	4		8				13		1	
2010	3	4		7			10	13			
2011	3	4		8			9	10		1	
2012	3	4		8	34		9	10		1	
2013	3	4		8	9		10	11			
2014	3	4		8	9		10	11		1	
2015	3	4	5	7	9		10	11			
2016	3	4	5	7	10		11	8		1	
2017	3	4		7	10	9	14	8		1	
2018	3	4	5	7	9	10	14	8		1	
2019	3	4	5	8	9	10	13	7			

주: * 소극적인 지주회사체제.

(2) 11–30위에 속한 적이 있는 재벌: 14개 [순위 (위)]

	2019년 현재 존속								
	CJ	부영	LS	현대백화점	효성	하림	코오롱	신세계*	대림*
2001									
2003									
2004									
2005									
2006				31					
2007	19			27					
2008	17		18	31					
2009	19		17	33					
2010	18	24	15	34			36		
2011	16	23	15	30			33		
2012	14	23	15	28			30		
2013	15	23	17	26			32		
2014	15	21	16	25			31		
2015	15	20	16	23			32		19
2016	15	16	17					14	19
2017	15	16	17		25	30	32	11	18
2018	15	16	17		26	32	31	11	18
2019	14	16	17	21	22	26	30	11	18

주: * 소극적인 지주회사체제.

(2) 11-30위에 속한 적이 있는 재벌: 14개 (계속) [순위 (위)]

	2019년 이전 존속				
	두산	STX	한진중공업	동부 *	대한전선 *
2001					
2003					
2004					
2005		28			
2006					
2007			32		
2008			29		30
2009	12		29		25
2010	12		29		31
2011	12		31	20	39
2012	12		36	19	
2013	13		33		
2014	13		33		
2015			33		
2016					
2017			52		
2018			56		
2019					

주: * 소극적인 지주회사체제.

(3) 31위 이하 재벌: 19개 [순위 (위)]

	2019년 현재 존속									
	HDC	한국타이어	세아	셀트리온	태영	동원	한라	아모레퍼시픽	하이트진로	애경
2001										
2003						32				
2004			33			31				
2005			32							
2006			36							
2007			38						48	
2008										
2009			38							
2010			44						38	
2011			44						42	
2012			42		48				44	
2013			42		48			52	47	
2014		38	44		46		35	48	47	
2015		35	41		44		34	46	48	
2016										
2017		33	39	49	40	37	38	43	55	
2018		35	40	38	47	45	41	48	58	
2019	33	38	39	42	46	48	49	50	56	58

(3) 31위 이하 재벌: 19개 (계속) [순위 (위)]

	2019년 이전 존속								
	웅진	대성	농심	한솔	오리온	태광*	SM*	네이버*	넥슨*
2001									
2003			42						
2004			39						
2005			43						
2006			44						
2007			46	54					
2008									
2009	34								
2010	33								
2011	32	43				46			
2012	31	41				43			
2013	49	37				43			
2014		40				39			
2015		47		50		40			
2016									
2017				57			46	51	56
2018				60					
2019									

주: * 소극적인 지주회사체제; 1999년 지주회사체제 채택 재벌 없음, 2000·2002년 자료 없음.
출처: 공정거래위원회.

2.2 27개 재벌, 2019년

2019년 9월 현재 지주회사체제를 채택하고 있는 재벌은 27개이다. 24개 재벌은 적극적인 지주회사체제를 그리고 3개는 소극적인 지주회사체제를 채택하고 있다 (<표 2.7>).

27개 재벌의 순위(자산총액 기준)는 3-58위이다. 7개는 1-10위, 10개는 11-30위, 10개는 31위 이하이다. 1-30위 '17개'는 2001년 이후 최고치이며, 1-10위 '7개'는, 2015-2017년의 '7개'와 함께, 2018년의 '8개'에 이어 두 번째이다. 자산총액이 크고 한국경제에서 큰 영향력을 행사하고 있는 상위 재벌들이 지주회사체제에 대해 보다 많은 관심을 가지고 있음을 알 수 있다.

적극적인 지주회사체제를 채택하고 있는 24개 재벌의 순위는 3-58위이다. '1-10위' 6개, '11-30위' 8개, 그리고 '31위 이하' 10개이다: ① [1-10위] SK (3위), LG (4위), 롯데 (5위), GS (8위), 농협 (9위), 현대중공업 (10위); ② [11-30위] 한진 (13위), CJ (14위), 부영 (16위), LS (17위), 현대백화점 (21위), 효성 (22위), 하림 (26위), 코오롱 (30위); ③ [31위 이하] HDC (33위), 한국타이어 (38위), 세아 (39위), 셀트리온 (42위), 태영 (46위), 동원 (48위), 한라 (49위), 아모레퍼시픽 (50위), 하이트진로 (56위), 애경 (58위).

소극적인 지주회사체제를 채택하고 있는 3개 재벌의 순위는 7-18위이다. '1-10위' 1개 그리고 '11-30위' 2개이다: 한화 (7위), 신세계 (11위), 대림 (18위).

〈표 2.7〉 지주회사체제를 채택한 27개 재벌, 2019년 9월: 그룹 순위

(1) 개관 ([a] 3-58위, [a1] 3-58위, [a2] 7-18위)

		순위 (위)				합 (T)
		1-10	11-30	[1-30]	31+	
지주회사체제 채택 재벌	(a, 개)	7	10	[17]	10	27
적극적인 지주회사체제	(a1)	6	8	[14]	10	24
소극적인 지주회사체제	(a2)	1	2	[3]		3
	(a/T, %)	26	37	[63]	37	100

(2) 적극적인 지주회사체제: 24개 재벌
① 1-10위: 6개

그룹			지주회사체제			지주회사체제 달성 비율 (B/A, %)
이름	순위	계열 회사 (A, 개)	지주회사 (a)	계열 회사 (b, 개)	a+b (B, 개)	
SK	3	111			[98]	88
			SK㈜	82	83	
			SK이노베이션	11	12	
			라이프앤시큐리티홀딩스	3	4	
			SK디스커버리	14	15	
LG	4	75	㈜LG	72	73	97
롯데	5	95	롯데지주	62	63	66
GS	8	64			[38]	59
			㈜GS	37	38	
			GS에너지	11	12	
농협	9	44	농협금융지주	16	17	39

그룹			지주회사체제			지주회사체제 달성 비율 (B/A, %)
이름	순위	계열회사 (A, 개)	지주회사 (a)	계열회사 (b, 개)	a+b (B, 개)	
현대중공업	10	31			[22]	71
			현대중공업지주	21	22	
			한국조선해양	14	15	

② 11-30위: 8개

한진	13	32	한진칼	25	26	81
CJ	14	75	CJ㈜	70	71	95
부영	16	24			[14]	58
			부영	11	12	
			동광주택산업	1	2	
LS	17	53			[40]	75
			㈜LS	29	30	
			LSA홀딩스	1	2	
			예스코홀딩스	9	10	
현대백화점	21	28	현대홈쇼핑	10	11	39
효성	22	57			[37]	65
			효성	33	34	
			에스에스씨	2	3	
하림	26	53	하림지주	45	46	87
코오롱	30	41	코오롱	34	35	85

③ 31위 이하: 10개

HDC	33	23	HDC㈜	19	20	83
한국타이어	38	25	한국테크놀로지그룹	12	13	52

그룹			지주회사체제			지주회사체제 달성 비율 (B/A, %)
이름	순위	계열회사 (A, 개)	지주회사 (a)	계열회사 (b, 개)	a+b (B, 개)	
세아	39	24			[20]	83
			세아홀딩스	13	14	
			세아제강지주	5	6	
셀트리온	42	10	셀트리온홀딩스	4	5	50
태영	46	53	SBS미디어 홀딩스	20	21	40
동원	48	24	동원 엔터프라이즈	22	23	96
한라	49	15	한라홀딩스	14	15	100
아모레퍼시픽	50	13	아모레퍼시픽 그룹	12	13	100
하이트진로	56	17	하이트진로 홀딩스	10	11	65
애경	58	40	AK홀딩스	25	26	65

(3) 소극적인 지주회사체제: 3개 재벌
① 1-10위: 1개

한화	7	75			[14]	19
			한화도시개발	7	8	
			한화종합화학	5	6	

② 11-30위: 2개

신세계	11	40	신세계프라퍼티	6	7	18
대림	18	26	대림에너지	4	5	19

주: 1) 그룹은 5월, 지주회사는 9월 지정.
   2) ① (SK) SK이노베이션은 SK㈜의 자회사, 라이프앤시큐리티홀딩스는 SK㈜의 손자회사, SK㈜와 SK디스커버리는 지분 관계 없음; (LS) LSA홀딩스는 ㈜ LS의 손자회사, ㈜LS와 예스코홀딩스는 지분 관계 없음.

② (GS) GS에너지는 ㈜GS의 자회사; (현대중공업) 한국조선해양은 현대중공업 지주의 자회사.

③ 다음은 지분 관계 없음: (부영) 부영, 동광주택산업; (효성) 효성, 에스에스씨; (세아) 세아홀딩스, 세아제강지주; (한화) 한화도시개발, 한화종합화학.

3) 지주회사 계열회사: 2020년 2월 29일 현재, '2019년 지주회사 현황' 통계 자료(9월 지정) 없음, '소유지분도'(5월 현재)를 기준으로 함, 소유지분도에서 확인 가능하지 않은 5개 그룹(SK, 롯데, 현대중공업, 코오롱, HDC)은 '2019년 지주회사 분석 자료'를 기준으로 함.

출처: 공정거래위원회.

3. 지주회사체제 달성 비율

3.1 44개 재벌, 2001-2019년

2001-2019년 사이 지주회사체제를 채택한 44개 재벌 중 20개는 지주회사체제 달성 비율 70% 이상을, 10개는 50-69%를, 그리고 3개는 30-49%를 가진 적이 있었으며, 나머지 11개 재벌의 비율은 30% 미만이었다. 지주회사체제 달성 비율은 '([체제에 편입된 계열회사 수 ÷ 재벌 전체 계열회사 수] × 100)'으로 계산되며, 30% 이상이면 적극적인 지주회사체제, 30% 미만이면 소극적인 지주회사체제로 분류된다 (<표 2.8>, <표 2.9>).

첫째, 70% 이상 비율을 가진 적이 있는 재벌은 20개이다. 4개(아모레퍼시픽, 한라, CJ, 한진중공업)는 100%, 9개(LG, 동원, SK, 코오롱, 세아, 한진, 하이트진로, 농협, 한솔)는 90-99%, 7개(하림, HDC, LS, 현대중공업, 두산, 웅진, 대성)는 70-89%를 가진 적이 있었다. 5개(한진중공업, 한솔, 두산, 웅진, 대성)를 제외한 15개는 2019년 현재 지주회사체제를 유지하고 있다.

'100%' 관련 4개 재벌 중 한진중공업은 유일하게 100%를 줄곧 유지하였다. CJ는 첫 해인 2007년에는 소극적인 체제(22%)를 채택하였으며 이듬해부터 적극적인 체제(57-107%)로 전환하였다.

'90-99%' 관련 9개 재벌 중에서는 SK가 2001-2006년에는 소극적인 체제(23-26%), 2007년부터는 적극적인 체제(60-93%)였다. LG와 한진은 적극적인 체제를 유지하기는 하였지만, 비율이 초기에는 30%대이다가 점차 높아졌다: LG (2001년 33% → 2003년 이후 76-97%), 한진 (2010-2012년 32-36% → 2013년 이후 41-96%).

'70-89%' 관련 7개 재벌 중에서는 대성의 비율이 2011-2014년 61-71%이다가 2015년에 33%로 크게 낮아졌다. LS의 비율

〈표 2.8〉 지주회사체제를 채택한 44개 재벌, 2001-2019년:
지주회사체제 달성 비율 - 개관

		지주회사체제 달성 비율 (%)							합 (T)
		100	90-99	70-89	50-69	30-49	[30-100]	1-29	
지주회사체제 채택 재벌	(a, 개)	4	9	7	10	3	[33]	11	44
적극적인 지주회사체제	(a1)	4	9	7	10	3	[33]		33
소극적인 지주회사체제	(a2)							11	11
	(a/T, %)	9	20	16	23	7	[75]	25	100

주: [30-100%] 해당 비율을 가진 적이 있는 재벌; [a] 2-100%.
출처: <표 2.9>.

은 2008-2017년에는 63-51% 사이에서 감소 추세를 보였으며 2018-2019년에 75%로 높아졌다.

둘째, 50-69% 비율을 가진 적이 있는 재벌은 10개이다. 5개 (롯데, 효성, 애경, 한국타이어, STX)는 60-69% 그리고 5개(GS, 부영, 셀트리온, 농심, 금호아시아나)는 50-59%를 가진 적이 있었다. 3개(STX, 농심, 금호아시아나)를 제외한 7개는 2019년 현재 지주회사체제를 유지하고 있다.

10개 재벌 중 4개는 초기에는 소극적인 지주회사체제를 채택했다가 이후 적극적인 체제로 전환하였다: 롯데 (2005-2006, 2015-2016년 3-17% → 2018-2019년 45-66%), 효성 (2017-2018년 6-7% → 2019년 65%), GS (2005년 26% → 2006년 이후 31-59%), 부영 (2010년 20% → 2011년 이후 31-58%).

셋째, 30-49% 비율을 가진 적이 있는 재벌은 3개이며 (태영, 현대백화점, 오리온), 앞의 2개는 2019년 현재 지주회사체제를 채택하고 있다.

넷째, 소극적인 지주회사체제로 분류되는 30% 미만 비율 보유 재벌은 11개이다. 3개(한화, 대림, 신세계)는 2019년 현재 지주회사 체제를 채택하고 있고, 8개(태광, SM, 대한전선, 네이버, 넥슨, 현대자동차, 동부, 삼성)는 그 이전에 채택한 적이 있었다.

2개 재벌(태광, 한화)은 일부 연도에 30%대 비율을 가진 적이 있었으며, 4개 재벌(넥슨, 현대자동차, 동부, 삼성)은 10% 미만 비율을 유지하였다. '2012년 삼성 2%'는 2001년 이후 44개 재벌이 가진 비율 중 가장 낮은 수치이다.

<표 2.9> 지주회사체제를 채택한 44개 재벌, 2001-2019년:
지주회사체제 달성 비율 - 재벌별 현황

(1) 100% 비율을 가진 적이 있는 재벌: 4개 [지주회사체제 달성 비율 (%)]

	2019년 현재 존속			2019년 이전 존속
	아모레퍼시픽	한라	CJ	한진중공업
2001				
2003				
2004				
2005				
2006				
2007	71		22*	125
2008			76	100
2009			84	100
2010			107	100
2011			77	100
2012			57	100
2013	100		67	100
2014	100	57	68	100
2015	92	70	80	100
2016			92	
2017	100	111	99	113
2018	100	100	93	100
2019	100	100	95	

주: * 소극적인 지주회사체제.

(2) 90-99% 비율을 가진 적이 있는 재벌: 9개 [지주회사체제 달성 비율 (%)]

	2019년 현재 존속								2019년 이전 존속
	LG	동원	SK	코오롱	세아	한진	하이트진로	농협	한솔
2001	33		26*						
2003	76	59	25*						
2004	83	59	24*		54				
2005	89		26*		57				
2006	97		23*		65				
2007	94		60		68				
2008	83		73						
2009	88		77		70				
2010	87		84	81	68	32	88		
2011	86		78	79	71	35	87		
2012	83		71	75	71	36	87	68	
2013	90		79	82	78	56	86	82	
2014	90		79	84	82	52	92	84	
2015	89		83	81	76	41	92	90	52
2016	87		79			79		84	
2017	90	70	79	90	76	85	92	52	90
2018	94	86	93	92	90	96	92	39	84
2019	97	96	88	85	83	81	65	39	

주: * 소극적인 지주회사체제.

(3) 70-89% 비율을 가진 적이 있는 재벌: 7개 [지주회사체제 달성 비율 (%)]

	2019년 현재 존속				2019년 이전 존속		
	하림	HDC	LS	현대중공업	두산	웅진	대성
2001							
2003							
2004							
2005							
2006							
2007							
2008			63				
2009			63		85	66	
2010			57		83	88	
2011			57		84	65	67
2012			56		88	83	71
2013			57		80	84	66
2014			53		68		61
2015			52				33
2016			53				
2017	76		51	83			
2018	84		75	79			
2019	87	83	75	71			

(4) 50–69% 비율을 가진 적이 재벌: 10개 [지주회사체제 달성 비율 (%)]

	2019년 현재 존속							2019년 이전 존속		
	롯데	효성	애경	GS	부영	한국타이어	셀트리온	STX	농심	금호아시아나
2001										
2003									50	
2004									58	
2005	17*			26*				64	58	
2006	16*			32					58	
2007				31					47	58
2008				32						44
2009				39						
2010				41	20*					
2011				42	31					
2012				34	35					
2013				39	38					
2014				44	43	63				
2015	4*			48	47	56				
2016	3*			58	44					
2017		7*		58	55	53	55			
2018	45	6*		58	50	65	56			
2019	66	65	65	59	58	52	50			

주: * 소극적인 지주회사체제.

(5) 30-49% 비율을 가진 적이 재벌: 3개 [지주회사체제 달성 비율 (%)]

	2019년 현재 존속		2019년 이전 존속
	태영	현대백화점	오리온
2001			
2003			
2004			
2005			
2006		43	
2007		46	45
2008		44	
2009		45	
2010		48	
2011		46	
2012	45	34	
2013	48	37	
2014	43	43	
2015	36	38	
2016			
2017	30		
2018	38		
2019	40	39	

(6) 30% 미만 비율을 갖는 재벌: 11개 [지주회사체제 달성 비율 (%)]

	2019년 현재 존속			2019년 이전 존속							
	한화 *	대림 *	신세계 *	태광 *	SM *	대한전선 *	네이버 *	넥슨 *	현대자동차 *	동부 *	삼성 *
2001											
2003											
2004											3*
2005	7*										3*
2006	6*										3*
2007	18*							6*			3*
2008	15*					20*					3*
2009	14*					16*					3*
2010	19*					19*					3*
2011	20*			22*		22*				5*	3*
2012	19*			34						5*	2*
2013	18*			34							3*
2014	14*			24*							3*
2015	12*	21*		22*							4*
2016	18*	18*	9*								3*
2017	30	19*	11*		25*		14*	9*			3*
2018	30	19*	13*								3*
2019	19*	19*	18*								

주: * 소극적인 지주회사체제; 1999년 지주회사체제 채택 재벌 없음, 2000·2002년 자
료 없음.
출처: 공정거래위원회.

3.2 27개 재벌, 2019년

2019년 9월 현재 지주회사체제를 채택하고 있는 재벌은 27개이다. 24개는 적극적인 지주회사체제를 그리고 3개는 소극적인 지주회사체제를 채택하였다. 2019년의 '적극적인 지주회사체제 재벌 24개'는 2001년 이후 최고치이며, 이 24개 재벌이 전체 공정거래법상 재벌(58개) 중에서 차지하는 비중 '41%' 또한 역대 최고치이다 (<표 2.10>; <표 2.1> 참조).

27개 재벌의 지주회사체제 달성 비율은 100%에서 18%에 이르기까지 다양한 분포를 보이고 있다. 적극적인 지주회사체제를 채택한 24개 재벌의 비율은 100-39%, 소극적인 지주회사체제를 채택한 3개 재벌의 비율은 19-18%이다.

적극적인 지주회사체제 24개 재벌 중 13개의 비율은 70% 이상, 8개의 비율은 50-69%, 그리고 3개의 비율은 30-49%이다: ① ['70% 이상' 13개 재벌] 100% 2개 (한라, 아모레퍼시픽), 97-95% 3개 (LG, 동원, CJ), 88-81% 6개 (SK, 하림, 코오롱, HDC, 세아, 한진), 75-71% 2개 (LS, 현대중공업); ② ['50-69%' 8개 재벌] 66-65% 4개 (롯데, 효성, 하이트진로, 애경), 59-50% 4개 (GS, 부영, 한국타이어, 셀트리온); ③ ['30-49%' 3개 재벌] 40% 1개 (태영), 39% 2개 (농협, 현대백화점).

소극적인 지주회사체제를 채택한 3개 재벌의 비율은 19%(한화, 대림) 또는 18%(신세계)이다.

〈표 2.10〉 지주회사체제를 채택한 27개 재벌, 2019년 9월:
지주회사체제 달성 비율

(1) 개관 ([a] 18-100%, [a1] 39-100%, [a2] 18-19%)

		지주회사체제 달성 비율 (%)							합 (T)
		100	90-99	70-89	50-69	30-49	[30-100]	1-29	
지주회사체제 채택 재벌	(a, 개)	2	3	8	8	3	[24]	3	27
적극적인 지주회사체제	(a1)	2	3	8	8	3	[24]		24
소극적인 지주회사체제	(a2)							3	3
	(a/T, %)	7	11	30	30	11	[89]	11	100

(2) 적극적인 지주회사체제: 24개 재벌
① 100%: 2개

그룹			지주회사체제			지주회사 체제 달성 비율 (B/A, %)
이름	순위	계열 회사 (A, 개)	지주회사 (a)	계열 회사 (b, 개)	a+b (B, 개)	
한라	49	15	한라홀딩스	14	15	100
아모레퍼시픽	50	13	아모레퍼시픽 그룹	12	13	100

② 90-99%: 3개

LG	4	75	㈜LG	72	73	97
동원	48	24	동원 엔터프라이즈	22	23	96
CJ	14	75	CJ㈜	70	71	95

③ 70-89%: 8개

그룹			지주회사체제			지주회사체제 달성 비율 (B/A, %)
이름	순위	계열회사 (A, 개)	지주회사 (a)	계열회사 (b, 개)	a+b (B, 개)	
SK	3	111			[98]	88
			SK㈜	82	83	
			SK이노베이션	11	12	
			라이프앤시큐리티홀딩스	3	4	
			SK디스커버리	14	15	
하림	26	53	하림지주	45	46	87
코오롱	30	41	코오롱	34	35	85
HDC	33	23	HDC㈜	19	20	83
세아	39	24			[20]	83
			세아홀딩스	13	14	
			세아제강지주	5	6	
한진	13	32	한진칼	25	26	81
LS	17	53			[40]	75
			㈜LS	29	30	
			LSA홀딩스	1	2	
			예스코홀딩스	9	10	
현대중공업	10	31			[22]	71
			현대중공업지주	21	22	
			한국조선해양	14	15	

④ 50-69%: 8개

그룹			지주회사체제			지주회사 체제 달성 비율 (B/A, %)
이름	순위	계열 회사 (A, 개)	지주회사 (a)	계열 회사 (b, 개)	a+b (B, 개)	
롯데	5	95	롯데지주	62	63	66
효성	22	57			[37]	65
			효성	33	34	
			에스에스씨	2	3	
하이트진로	56	17	하이트진로 홀딩스	10	11	65
애경	58	40	AK홀딩스	25	26	65
GS	8	64			[38]	59
			㈜GS	37	38	
			GS에너지	11	12	
부영	16	24			[14]	58
			부영	11	12	
			동광주택산업	1	2	
한국타이어	38	25	한국 테크놀로지그룹	12	13	52
셀트리온	42	10	셀트리온홀딩스	4	5	50

⑤ 30-49%: 3개

태영	46	53	SBS미디어 홀딩스	20	21	40
농협	9	44	농협금융지주	16	17	39
현대백화점	21	28	현대홈쇼핑	10	11	39

(3) 소극적인 지주회사체제: 3개 재벌
⑥ 1-29%: 3개

그룹			지주회사체제			지주회사체제 달성 비율 (B/A, %)
이름	순위	계열회사 (A, 개)	지주회사 (a)	계열회사 (b, 개)	a+b (B, 개)	
한화	7	75			[14]	19
			한화도시개발	7	8	
			한화종합화학	5	6	
대림	18	26	대림에너지	4	5	19
신세계	11	40	신세계프라퍼티	6	7	18

주: 1) 그룹은 5월, 지주회사는 9월 지정.
   2) ① (SK) SK이노베이션은 SK㈜의 자회사, 라이프앤시큐리티홀딩스는 SK㈜의
      손자회사, SK㈜와 SK디스커버리는 지분 관계 없음; (LS) LSA홀딩스는 ㈜
      LS의 손자회사, ㈜LS와 예스코홀딩스는 지분 관계 없음.
      ② (GS) GS에너지는 ㈜GS의 자회사; (현대중공업) 한국조선해양은 현대중공업
      지주의 자회사.
      ③ 다음은 지분 관계 없음: (부영) 부영, 동광주택산업; (효성) 효성, 에스에스씨;
      (세아) 세아홀딩스, 세아제강지주; (한화) 한화도시개발, 한화종합화학.
   3) 지주회사 계열회사: 2020년 2월 29일 현재, '2019년 지주회사 현황' 통계 자료(9
      월 지정) 없음, '소유지분도'(5월 현재)를 기준으로 함, 소유지분도에서 확인 가
      능하지 않은 5개 그룹(SK, 롯데, 현대중공업, 코오롱, HDC)은 '2019년 지주회
      사 분석 자료'를 기준으로 함.
출처: 공정거래위원회.

4. 지주회사체제 편입 계열회사 수

4.1 44개 재벌, 2001-2019년

2001-2019년 사이 지주회사체제를 채택한 44개 재벌 중 12개는 지주회사체제 내에 30개 이상 계열회사를, 11개는 20-29개 계열회사를, 그리고 11개는 10-19개 계열회사를 편입한 적이 있었으며, 나머지 10개 재벌은 10개 미만 계열회사를 편입하였다 (<표 2.11>, <표 2.12>; <표 2.9> 참조).

지주회사체제 편입 계열회사는 지주회사 및 계열회사이며, 후자의 계열회사에는 자회사, 손자회사 및 증손회사가 포함된다. 편입 회사 수가 많고 체제 달성 비율이 높으면 지주회사체제가 보다 성숙하고 짜임새 있게 구축된 것으로 볼 수 있다.

첫째, 30개 이상 계열회사를 지주회사체제에 편입한 적이 있는 재벌은 12개이다. 5개 재벌은 50개 이상 계열회사 그리고 7개 재벌은 30-49개 계열회사를 편입한 적이 있었다.

'50개 이상 회사 편입' 5개 재벌 중 1개(SK)는 90-99개 회사, 2개(LG, CJ)는 70-79개 회사, 그리고 2개(롯데, 대성)는 60-69개 회사를 편입한 적이 있었다. 또 '30-49개 회사 편입' 7개 재벌 중에서는 4개(하림, LS, GS, 농협)는 40-49개 회사 그리고 3개(효성, 코오롱, 한진)는 30-39개 회사를 편입한 적이 있었다. 12개 재벌 중 1개(대성)를 제외한 11개는 2019년 현재 적극적인 지주회사체제를 채택하고 있다.

‘50개 이상 회사 편입’ 5개 재벌 중 4개에서는 체제 편입 회사가 점진적으로 증가하였다: SK (2001년 이후 13-98개 회사, 지주회사체제 달성 비율 23-93%), LG (2001년 이후 14-73개, 33-97%), CJ (2007년 이후 14-74개, 22-107%), 롯데 (2005년 이후 3-63개, 3-66%). SK의 ‘2019년 98개’, ‘2018년 94개’, ‘2017년 76개’는 2001년 이후 44개 재벌의 지주회사체제 편입 회사 수 중 1·2·3위 수치이다.

‘30-49개 회사 편입’ 7개 재벌 중에서는 3개에서 체제 편입 회사가 크게 증가하였다: LS (2008년 이후 15-40개 회사, 지주회사체제 달성 비율 51-75%), GS (2005년 이후 13-41개, 26-59%), 효성 (2017년 이후 3-37개, 6-65%).

〈표 2.11〉 지주회사체제를 채택한 44개 재벌, 2001-2019년: 지주회사체제 편입 계열회사 수 - 개관

		지주회사체제 편입 계열회사 수 (개)						합 (T)
		50+	30-49	20-29	[20+]	10-19	1-9	
지주회사체제 채택 재벌	(a, 개)	5	7	11	[23]	11	10	44
적극적인 지주회사체제	(a1)	5	7	10	[22]	8	3	33
소극적인 지주회사체제	(a2)			1	[1]	3	7	11
	(a/T, %)	11	16	25	[52]	25	23	100

주: [10+개] 해당 계열회사 수가 편입된 적이 있는 재벌; [a] 2-98개.
출처: <표 2.12>.

둘째, 20-29개 계열회사를 편입한 적이 있는 재벌은 11개이다. 8개(애경, 동원, 현대중공업, 태영, 세아, HDC, 한라; 한화)는 2019년 현재 지주회사체제를 채택하고 있고, 3개(금호아시아나, 웅진, 두산)는 2019년 이전에 채택한 적이 있었다. 10개는 적극적인 체제를 그리고 1개(한화)는 소극적인 체제를 채택하였다. 한화에 편입된 회사는 2005년 2개에서 2018년에는 23개로 크게 증가하였다.

셋째, 10-19개 계열회사를 편입한 적이 있는 재벌은 11개이다. 5개(부영, 아모레퍼시픽, 한국타이어, 현대백화점, 하이트진로)는 2019년 현재 적극적인 지주회사체제를 채택하고 있고, 6개는 2019년 이전에 적극적인 체제(한솔, 한진중공업, 오리온) 또는 소극적인 체제(태광, SM, 네이버)를 채택한 적이 있었다. 부영에 편입된 회사는 2010년 3개에서 점진적으로 증가해 2019년에는 14개였다.

그리고 넷째, 10개 미만 계열회사를 지주회사체제에 편입한 재벌은 10개이다. 3개(셀트리온; 신세계, 대림)는 2019년 현재 지주회사체제를 채택하고 있고, 7개(STX, 농심; 대한전선, 동부, 삼성, 넥슨, 현대자동차)는 그 이전에 채택한 적이 있었다. 10개 재벌 중 3개(셀트리온, STX, 농심)를 제외한 7개는 소극적인 체제를 채택하였으며, 후자의 7개 재벌 중 4개(동부, 삼성, 넥슨, 현대자동차)에 편입된 계열회사는 2-3개이다. 특히 삼성에서는 2004-2018년의 15년 중 1개 연도에서는 3개 회사가 그리고 나머지 14개 연도에서는 2개 회사가 편입되었다.

〈표 2.12〉 지주회사체제를 채택한 44개 재벌, 2001-2019년:
지주회사체제 편입 계열회사 수 - 재벌별 현황

(1) 50개 이상 계열회사가 편입된 적이 있는 재벌: 5개 [체제 편입 계열회사 (개)]

	2019년 현재 존속				2019년 이전 존속
	SK	LG	CJ	롯데	대성
2001	14	14			
2003	15	38			
2004	14	38			
2005	13	34		7	
2006	13	29		7	
2007	34	29	14		
2008	47	30	50		
2009	59	46	51		
2010	63	46	58		
2011	67	51	50		49
2012	67	52	48		60
2013	64	55	55		55
2014	63	55	50		46
2015	68	56	52	3	24
2016	68	58	57	3	
2017	76	61	69		
2018	94	66	74	48	
2019	98	73	71	63	

(2) 30-49개 계열회사가 편입된 적이 있는 재벌: 7개 [체제 편입 계열회사 (개)]

	2019년 현재 존속						
	하림	LS	GS	효성	코오롱	한진	농협
2001							
2003							
2004							
2005			13				
2006			16				
2007			15				
2008		15	18				
2009		20	25				
2010		25	28		30	12	
2011		27	32		31	14	
2012		28	25		30	16	28
2013		28	31		31	25	28
2014		27	35		31	25	27
2015		25	38		35	19	35
2016		24	40			30	38
2017	44	23	40	3	36	29	42
2018	49	36	41	3	36	27	19
2019	46	40	38	37	35	26	17

(3) 20-29개 계열회사가 편입된 적이 있는 재벌: 11개 [체제 편입 계열회사 (개)]

	2019년 현재 존속								2019년 이전 존속		
	애경	동원	현대중공업	태영	세아	HDC	한라	한화*	금호아시아나	웅진	두산
2001											
2003		10									
2004		10			15						
2005					16			2			
2006					15			2			
2007					15			6	22		
2008								6	23		
2009					16			6		19	22
2010					13			9		21	24
2011					15			11		20	21
2012				18	17			10		24	21
2013				19	18			9		21	20
2014				18	18		12	7			15
2015				16	16		16	6			
2016								10			
2017		21	24	14	16		21	18			
2018		19	22	18	19		19	23			
2019	26	23	22	21	20	20	15	14			

주: * 소극적인 지주회사체제.

(4) 10-19개 계열회사가 편입된 적이 있는 재벌: 11개 [체제 편입 계열회사 (개)]

	2019년 현재 존속					2019년 이전 존속					
	부영	아모레퍼시픽	한국타이어	현대백화점	하이트진로	한솔	한진중공업	오리온	태광*	SM*	네이버*
2001											
2003											
2004											
2005											
2006				10							
2007		5		11			5	10			
2008				11			5				
2009				10			6				
2010	3			14	14		7				
2011	5			12	13		8		11		
2012	6			12	13		8		15		
2013	6	10		13	12		9		15		
2014	6	10	10	15	11		10		8		
2015	7	11	9	12	11	11	9		7		
2016	8										
2017	12	12	9		11	18	9			15	10
2018	12	12	11		11	16	7				
2019	14	13	13	11	11						

주: * 소극적인 지주회사체제.

(5) 10개 미만 계열회사가 편입된 재벌: 10개 [체제 편입 계열회사 (개)]

	2019년 현재 존속			2019년 이전 존속						
	셀트리온	신세계 *	대림 *	STX	농심	대한전선 *	동부 *	삼성 *	넥슨 *	현대자동차 *
2001										
2003					5					
2004					7			2		
2005				9	7			2		
2006					7			2		
2007					7			2		2
2008						4		2		
2009						5		2		
2010						5		2		
2011						5	2	2		
2012							3	2		
2013								2		
2014								2		
2015			5					3		
2016		3	5					2		
2017	6	4	5					2	2	
2018	5	5	5					2		
2019	5	7	5							

주: * 소극적인 지주회사체제; 1999년 지주회사체제 채택 재벌 없음, 2000·2002년 자료 없음.
출처: 공정거래위원회.

4.2 27개 재벌, 2019년

2019년 9월 현재 27개 재벌의 지주회사체제에 편입된 계열회사 수는 98개에서 5개에 이르기까지 다양하다. 적극적인 지주회사체제를 채택한 24개 재벌은 98-5개 회사를 그리고 소극적인 지주회사체제를 채택한 3개 재벌은 14-5개 회사를 편입하였다 (<표 2.13>).

27개 재벌 중 9개는 30개 이상 회사를, 7개는 26-20개 회사를, 8개(소극적 체제 1개 포함)는 17-11개 회사를, 그리고 3개 (소극적 체제 2개 포함)는 7-5개 회사를 지주회사체제에 편입하였다.

'30개 이상 회사 편입' 9개 재벌 중, 1개(SK)는 98개 회사, 2개(LG, CJ)는 73-71개 회사, 1개(롯데)는 63개 회사, 2개(하림, LS)는 46-40개 회사, 그리고 3개(GS, 효성, 코오롱)는 38-35개 회사를 각각 편입하였다. '30개 이상 회사 편입' 9개 재벌 그리고 '26-20개 회사 편입' 7개 재벌(한진, 애경, 동원, 현대중공업, 태영, 세아, HDC)은 적극적인 지주회사체제를 채택하였다.

'17-11개 회사 편입' 8개 재벌 중에서는, 7개(농협, 한라, 부영, 아모레퍼시픽, 한국타이어, 현대백화점, 하이트진로)는 적극적인 지주회사체제를, 1개(한화)는 소극적인 지주회사체제를 채택하였다. 또 '7-5개 회사 편입' 3개 재벌 중 1개(셀트리온)는 적극적인 체제를, 2개(신세계, 대림)는 소극적인 체제를 채택하였다.

<표 2.13> 지주회사체제를 채택한 27개 재벌, 2019년 9월:
지주회사체제 편입 계열회사 수

(1) 개관 ([a] 5-98개, [a1] 5-98개, [a2] 5-14개)

		지주회사체제 편입 계열회사 수 (개)					합 (T)
		30-99	20-29	[20+]	10-19	1-9	
지주회사체제 채택 재벌	(a, 개)	9	7	[16]	8	3	27
적극적인 지주회사체제	(a1)	9	7	[16]	7	1	24
소극적인 지주회사체제	(a2)				1	2	3
	(a/T, %)	33	26	[59]	30	11	100

(2) 적극적인 지주회사체제: 24개 재벌
① 30-99개 계열회사 편입: 9개

그룹			지주회사체제			지주회사체제 달성 비율 (B/A, %)
이름	순위	계열회사 (A, 개)	지주회사 (a)	계열회사 (b, 개)	a+b (B, 개)	
SK	3	111			[98]	88
			SK㈜	82	83	
			SK이노베이션	11	12	
			라이프앤시큐리티홀딩스	3	4	
			SK디스커버리	14	15	
LG	4	75	㈜LG	72	73	97
CJ	14	75	CJ㈜	70	71	95
롯데	5	95	롯데지주	62	63	66
하림	26	53	하림지주	45	46	87

그룹			지주회사체제			지주회사체제 달성 비율 (B/A, %)
이름	순위	계열회사 (A, 개)	지주회사 (a)	계열회사 (b, 개)	a+b (B, 개)	
LS	17	53			[40]	75
			㈜LS	29	30	
			LSA홀딩스	1	2	
			예스코홀딩스	9	10	
GS	8	64			[38]	59
			㈜GS	37	38	
			GS에너지	11	12	
효성	22	57			[37]	65
			효성	33	34	
			에스에스씨	2	3	
코오롱	30	41	코오롱	34	35	85

② 20-29개 계열회사 편입: 7개

한진	13	32	한진칼	25	26	81
애경	58	40	AK홀딩스	25	26	65
동원	48	24	동원 엔터프라이즈	22	23	96
현대중공업	10	31			[22]	71
			현대중공업지주	21	22	
			한국조선해양	14	15	
태영	46	53	SBS미디어 홀딩스	20	21	40
HDC	33	23	HDC㈜	19	20	83
세아	39	24			[20]	83
			세아홀딩스	13	14	
			세아제강지주	5	6	

③ 10-19개 계열회사 편입: 7개

그룹			지주회사체제			지주회사 체제 달성 비율 (B/A, %)
이름	순위	계열회사 (A, 개)	지주회사 (a)	계열회사 (b, 개)	a+b (B, 개)	
농협	9	44	농협금융지주	16	17	39
한라	49	15	한라홀딩스	14	15	100
부영	16	24			[14]	58
			부영	11	12	
			동광주택산업	1	2	
한국타이어	38	25	한국테크놀로지그룹	12	13	52
아모레퍼시픽	50	13	아모레퍼시픽그룹	12	13	100
현대백화점	21	28	현대홈쇼핑	10	11	39
하이트진로	56	17	하이트진로홀딩스	10	11	65

④ 1-9개 계열회사 편입: 1개

셀트리온	42	10	셀트리온홀딩스	4	5	50

(3) 소극적인 지주회사체제: 3개 재벌
③ 10-19개 계열회사 편입: 1개

한화	7	75			[14]	19
			한화도시개발	7	8	
			한화종합화학	5	6	

④ 1-9개 계열회사 편입: 2개

신세계	11	40	신세계프라퍼티	6	7	18
대림	18	26	대림에너지	4	5	19

주: 1) 그룹은 5월, 지주회사는 9월 지정.
   2) ① (SK) SK이노베이션은 SK㈜의 자회사, 라이프앤시큐리티홀딩스는 SK㈜의
      손자회사, SK㈜와 SK디스커버리는 지분 관계 없음; (LS) LSA홀딩스는 ㈜
      LS의 손자회사, ㈜LS와 예스코홀딩스는 지분 관계 없음.
    ② (GS) GS에너지는 ㈜GS의 자회사; (현대중공업) 한국조선해양은 현대중공업
      지주의 자회사.
    ③ 다음은 지분 관계 없음: (부영) 부영, 동광주택산업; (효성) 효성, 에스에스씨;
      (세아) 세아홀딩스, 세아제강지주; (한화) 한화도시개발, 한화종합화학.
   3) 지주회사 계열회사: 2020년 2월 29일 현재, '2019년 지주회사 현황' 통계 자료(9
      월 지정) 없음, '소유지분도'(5월 현재)를 기준으로 함, 소유지분도에서 확인 가
      능하지 않은 5개 그룹(SK, 롯데, 현대중공업, 코오롱, HDC)은 '2019년 지주회
      사 분석 자료'를 기준으로 함.
출처: 공정거래위원회.

5. 재벌과 지주회사체제: 주요 14개 재벌

2001-2019년 사이에 지주회사체제를 채택한 44개 재벌 중 앞에서 살펴본 3가지 지표 즉 '그룹 순위, 지주회사체제 달성 비율, 지주회사체제 편입 계열회사 수'에서 상대적으로 우위를 가진 재벌은 14개이다 (<표 2.14>).

이들 주요 14개 재벌은, '1-30위' 그룹 순위를 가진 적이 있고, '50% 이상' 지주회사체제 달성 비율을 가진 적이 있으며, '20개 이상' 지주회사체제 편입 계열회사 수를 가진 적이 있는 재벌들이다. 12개 재벌(SK, LG, GS, CJ, LS, 한진, 코오롱, 농협, 롯데, 현대중공업, 효성, 하림)은 2019년 현재 적극적인 체제를 유지하고 있고, 2개 재벌(두산, 금호아시아나)은 2019년 이전에 적극적인 체제를 채택한 적이 있었다.

〈표 2.14〉 지주회사체제를 채택한 주요 14개 재벌, 2001-2019년

(1) 그룹 순위: 1-30위에 속한 적이 있는 14개 재벌 [순위 (위)]

	2019년 현재 존속						
	SK	LG	GS	CJ	LS	한진	코오롱
2001	4	3					
2003	3	2					
2004	4	2					
2005	4	3	9				
2006	3	4	8				
2007	3	4	8	19			
2008	3	4	7	17	18		
2009	3	4	8	19	17		
2010	3	4	7	18	15	10	36
2011	3	4	8	16	15	9	33
2012	3	4	8	14	15	9	30
2013	3	4	8	15	17	10	32
2014	3	4	8	15	16	10	31
2015	3	4	7	15	16	10	32
2016	3	4	7	15	17	11	
2017	3	4	7	15	17	14	32
2018	3	4	7	15	17	14	31
2019	3	4	8	14	17	13	30

(1) 그룹 순위: 1-30위에 속한 적이 있는 14개 재벌 (계속) [순위 (위)]

	2019년 현재 존속					2019년 이전 존속	
	농협	롯데	현대 중공업	효성	하림	두산	금호아 시아나
2001							
2003							
2004							
2005		5					
2006		5					
2007							9
2008							10
2009						12	
2010						12	
2011						12	
2012	34					12	
2013	9					13	
2014	9					13	
2015	9	5					
2016	10	5					
2017	10		9	25	30		
2018	9	5	10	26	32		
2019	9	5	10	22	26		

(2) 지주회사체제 달성 비율: 50% 이상 비율을 가진 적이 있는 14개 재벌
  [비율 (%)]

	2019년 현재 존속						
	SK	LG	GS	CJ	LS	한진	코오롱
2001	26*	33					
2003	25*	76					
2004	24*	83					
2005	26*	89	26*				
2006	23*	97	32				
2007	60	94	31	22*			
2008	73	83	32	76	63		
2009	77	88	39	84	63		
2010	84	87	41	107	57	32	81
2011	78	86	42	77	57	35	79
2012	71	83	34	57	56	36	75
2013	79	90	39	67	57	56	82
2014	79	90	44	68	53	52	84
2015	83	89	48	80	52	41	81
2016	79	87	58	92	53	79	
2017	79	90	58	99	51	85	90
2018	93	94	58	93	75	96	92
2019	88	97	59	95	75	81	85

주: * 소극적인 지주회사체제.

(2) 지주회사체제 달성 비율: 50% 이상 비율을 가진 적이 있는 14개 재벌 (계속)
 [비율 (%)]

	2019년 현재 존속					2019년 이전 존속	
	농협	롯데	현대 중공업	효성	하림	두산	금호아 시아나
2001							
2003							
2004							
2005		17*					
2006		16*					
2007							58
2008							44
2009						85	
2010						83	
2011						84	
2012	68					88	
2013	82					80	
2014	84					68	
2015	90	4*					
2016	84	3*					
2017	52		83	7*	76		
2018	39	45	79	6*	84		
2019	39	66	71	65	87		

주: * 소극적인 지주회사체제.

(3) 지주회사체제 편입 계열회사 수: 20개 이상 회사가 편입된 적이 있는 14개 재벌
   [회사 (개)]

	2019년 현재 존속						
	SK	LG	GS	CJ	LS	한진	코오롱
2001	14	14					
2003	15	38					
2004	14	38					
2005	13	34	13				
2006	13	29	16				
2007	34	29	15	14			
2008	47	30	18	50	15		
2009	59	46	25	51	20		
2010	63	46	28	58	25	12	30
2011	67	51	32	50	27	14	31
2012	67	52	25	48	28	16	30
2013	64	55	31	55	28	25	31
2014	63	55	35	50	27	25	31
2015	68	56	38	52	25	19	35
2016	68	58	40	57	24	30	
2017	76	61	40	69	23	29	36
2018	94	66	41	74	36	27	36
2019	98	73	38	71	40	26	35

(3) 지주회사체제 편입 계열회사 수: 20개 이상 회사가 편입된 적이 있는 14개 재벌
(계속) [회사 (개)]

	2019년 현재 존속					2019년 이전 존속	
	농협	롯데	현대 중공업	효성	하림	두산	금호아 시아나
2001							
2003							
2004							
2005		7					
2006		7					
2007							22
2008							23
2009						22	
2010						24	
2011						21	
2012	28					21	
2013	28					20	
2014	27					15	
2015	35	3					
2016	38	3					
2017	42		24	3	44		
2018	19	48	22	3	49		
2019	17	63	22	37	46		

주: 1999년 지주회사체제 채택 재벌 없음, 2000·2002년 자료 없음.
출처: 공정거래위원회.

첫째, 주요 14개 재벌 중 2개(SK, LG)는 2001, 2003-2019년의 18개 연도 전 기간에 지주회사체제를 유지하였다.

나머지 12개 재벌 중 4개는 15-10개 연도에 그리고 8개는 9-2개 연도에 각각 관련되어 있다: [4개] 15개 연도 1개 (GS), 13개 연도 1개 (CJ), 12개 연도 1개 (LS), 10개 연도 1개 (한진); [8개] 9개 연도 1개 (코오롱), 8개 연도 1개 (농협), 6개 연도 1개 (두산), 3개 연도 3개 (현대중공업, 효성, 하림), 2개 연도 2개 (롯데, 금호아시아나). 롯데의 경우, 간헐적으로 3차례 모두 6개 연도에 관련되어 있는데, 마지막 2개 연도에만 지주회사체제를 채택한 것으로 간주하였다 (<표 2.2> 참조).

둘째, 주요 14개 재벌 중 3개(코오롱, 농협, 하림)를 제외한 11개는 지주회사체제를 채택한 기간 동안 '1-30위' 그룹 순위를 줄곧 유지하였다. 후자의 11개 재벌 중에서는, 3개(SK, LG, 롯데)는 1-5위, 3개(GS, 현대중공업, 금호아시아나)는 6-10위, 1개(한진)는 6-20위, 3개(CJ, LS, 두산)는 11-20위, 그리고 1개(효성)는 21-30위를 유지하였다. 가장 높은 순위는 'LG 2003-2004년 2위'이다.

셋째, 주요 14개 재벌 중 '50% 이상' 지주회사체제 달성 비율을 줄곧 유지한 재벌은 5개이다: LS (51-75%), 코오롱 (75-92%), 현대중공업 (71-83%), 하림 (76-87%), 두산 (68-88%).

나머지 9개 재벌 중 4개는 30-49% 비율을 가진 적이 있고, 5개는 30% 미만의 비율을 가지면서 소극적인 지주회사체제를

채택한 적이 있었다: [4개] LG (33%, 76-97%), 한진 (32-41%, 52-96%), 농협 (39%, 52-90%), 금호아시아나 (44%, 58%); [5개] SK (23-26%, 60-93%), GS (26%, 31-48%, 58-59%), CJ (22%, 57-107%), 롯데 (3-17%, 45%, 66%), 효성 (6-7%, 65%).

가장 높은 비율은 'CJ 2010년 107%'이다. 지주회사체제 달성 비율은 '그룹 전체 계열회사' 중 '지주회사체제에 편입된 계열회사'의 비중인데, 두 종류 계열회사 수의 기준 시점이 달라 100% 이상의 비율이 계산되는 경우가 있으며, 실질적으로는 '100%'이다. 한편, 롯데의 경우, 관련 6개 연도 중 앞의 4개 연도에는 3-17%, 마지막 2개 연도에는 45-66% 비율을 가졌으며, 뒤의 2개 연도에만 지주회사체제를 채택한 것으로 간주하였다.

그리고 넷째, 주요 14개 재벌 중 '20개 이상' 계열회사를 지주회사체제에 줄곧 편입한 재벌은 4개이다: 코오롱 (30-36개 회사), 현대중공업 (22-24개), 하림 (44-49개), 금호아시아나 (22-23개).

나머지 10개 재벌 중 8개에서는 10-19개 회사가 그리고 2개에서는 10개 미만 회사가 지주회사체제에 편입된 적이 있었다: [8개] SK (13-15개, 34-98개 회사), LG (14개, 29-73개), GS (13-18개, 25-41개), CJ (14개, 48-74개), LS (15개, 20-40개), 한진 (12-19개, 25-30개), 농협 (17-19개, 27-42개), 두산 (15개, 20-24개); [2개] 롯데 (3-7개, 48-63개), 효성 (3개, 37개). 가장 많은 지주회사체제 편입 계열회사 수는 'SK 2019년 98개'이다.

제3부

한국재벌과 지주회사체제, 2000-2019년: 연도별 현황

〈표 3.1〉 지주회사체제를 채택한 재벌, 1999-2019년: 연도별 현황

(1) 연도별 추세

	공정거래법상 재벌 (A, 개)	지주회사체제 채택 재벌 (a, 개)	적극적인 지주회사체제 (a1, 개)	소극적인 지주회사체제 (a2, 개)	a/A (%)	a1/A (%)
1999	30	0	0	0	0	0
2001	30	2	1	1	7	3
2003	42	4	3	1	10	7
2004	45	6	4	2	13	9
2005	48	9	4	5	19	8
2006	52	9	5	4	17	10
2007	55	14	10	4	25	18
2008	68	11	8	3	16	12
2009	39	13	10	3	33	26
2010	43	17	13	4	40	30
2011	46	20	15	5	43	33
2012	51	21	18	3	41	35
2013	51	21	19	2	41	37
2014	50	22	19	3	44	38
2015	50	24	19	5	48	38
2016	28	13	8	5	46	29
2017	56	29	22	7	52	39
2018	58	27	23	4	47	40
2019	58	27	24	3	47	41

주: 2000·2002년 자료 없음.
출처: <표 2.1>.

(2) 연도별 재벌 ('그룹 순위' 순)

연도	지주회사체제 채택 재벌 (개)	적극적인 지주회사체제	소극적인 지주회사체제
1999	0	-	-
2001	2	LG	SK
2003	4	LG, 동원, 농심	SK
2004	6	LG, 동원, 세아, 농심	삼성, SK
2005	9	LG, STX, 세아, 농심	삼성, SK, 롯데, GS, 한화
2006	9	LG, GS, 현대백화점, 세아, 농심	삼성, SK, 롯데, 한화
2007	14	SK, LG, GS, 금호아시아나, 현대백화점, 한진중공업, 세아, 농심, 태평양, 오리온	삼성, 현대자동차, 한화, CJ
2008	11	SK, LG, GS, 금호아시아나, CJ, LS, 한진중공업, 현대백화점	삼성, 한화, 대한전선
2009	13	SK, LG, GS, 두산, LS, CJ, 한진중공업, 현대백화점, 웅진, 세아	삼성, 한화, 대한전선
2010	17	SK, LG, GS, 한진, 두산, LS, CJ, 한진중공업, 웅진, 현대백화점, 코오롱, 하이트맥주, 세아	삼성, 한화, 부영, 대한전선
2011	20	SK, LG, GS, 한진, 두산, LS, CJ, 부영, 현대백화점, 한진중공업, 웅진, 코오롱, 하이트진로, 대성, 세아	삼성, 한화, 동부, 대한전선, 태광

연도	지주회사체제 채택 재벌 (개)	적극적인 지주회사체제	소극적인 지주회사체제
2012	21	SK, LG, GS, 한진, 두산, CJ, LS, 부영, 현대백화점, 코오롱, 웅진, 농협, 한진중공업, 대성, 세아, 태광, 하이트진로, 태영	삼성, 한화, 동부
2013	21	SK, LG, GS, 농협, 한진, 두산, CJ, LS, 부영, 현대백화점, 코오롱, 한진중공업, 대성, 세아, 태광, 하이트진로, 태영, 웅진, 아모레퍼시픽	삼성, 한화
2014	22	SK, LG, GS, 농협, 한진, 두산, CJ, LS, 부영, 현대백화점, 코오롱, 한진중공업, 한라, 한국타이어, 대성, 세아, 태영, 하이트진로, 아모레퍼시픽	삼성, 한화, 태광
2015	24	SK, LG, GS, 농협, 한진, CJ, LS, 부영, 현대백화점, 코오롱, 한진중공업, 한라, 한국타이어, 세아, 태영, 아모레퍼시픽, 대성, 하이트진로, 한솔	삼성, 롯데, 한화, 대림, 태광
2016	13	SK, LG, GS, 농협, 한진, CJ, 부영, LS	삼성, 롯데, 한화, 신세계, 대림
2017	29	SK, LG, GS, 한화, 현대중공업, 농협, 한진, CJ, 부영, LS, 하림, 코오롱, 한국타이어, 동원, 한라, 세아, 태영, 아모레퍼시픽, 셀트리온, 한진중공업, 하이트진로, 한솔	삼성, 신세계, 대림, 효성, SM, 네이버, 넥슨
2018	27	SK, LG, 롯데, GS, 한화, 농협, 현대중공업, 한진, CJ, 부영, LS, 코오롱, 하림, 한국타이어, 셀트리온, 세아, 한라, 동원, 태영, 아모레퍼시픽, 한진중공업, 하이트진로, 한솔	삼성, 신세계, 대림, 효성

연도	지주회사체제 채택 재벌 (개)	적극적인 지주회사체제	소극적인 지주회사체제
2019	27	SK, LG, 롯데, GS, 농협, 현대중공업, 한진, CJ, 부영, LS, 현대백화점, 효성, 하림, 코오롱, HDC, 한국타이어, 세아, 셀트리온, 태영, 동원, 한라, 아모레퍼시픽, 하이트진로, 애경	한화, 신세계, 대림

주: 2000·2002년 자료 없음.
출처: 제3부.

1. 2001년: 2개 재벌

(1) 지주회사체제 채택 2개 재벌

① 적극적인 지주회사체제: 1개 재벌

그룹			지주회사체제			지주회사 체제 달성 비율 (B/A, %)
이름	순위	계열 회사 (A, 개)	지주회사 (a)	계열 회사 (b, 개)	a+b (B, 개)	
LG	3	43	㈜LGCI	13	14	33

② 소극적인 지주회사체제: 1개 재벌

SK	4	54	SK엔론	13	14	26

출처: 제4부.

1. 그룹 순위: 3-4위; [①] 3위, [②] 4위.

2. 지주회사체제 달성 비율: 26-33%; [①] 33%, [②] 26%.

3. 지주회사체제 편입 계열회사 수: 14개; [①] 14개, [②] 14개.

4. 그룹은 4월, 지주회사는 7월 지정.

5. 그룹: 30개 사기업집단만 지정.

(2) 대규모사기업집단 30개 vs. 지주회사체제 채택 집단 2개

① 2개 집단: [1-10위] 2개, 20%; [1-30위] 2개, 7%; [합] 2개, 7%

		순위 (위)				동일인 유형		합
		1-10	11-30	[1-30]	31+	자연인	법인	
대규모 사기업집단	(A, 개)	10	20	[30]		25	5	30
지주회사체제 채택 집단	(a, 개)	2		[2]		2		2
적극적인 지주회사체제	(a1)	1		[1]		1		1
소극적인 지주회사체제	(a2)	1		[1]		1		1
	(a/A, %)	20		[7]		8		7
	(a1/A, %)	10		[3]		4		3

② 2개 집단: 적극적인 지주회사체제 1개 (**), 소극적인 지주회사체제 1개 (*)

순위	그룹		계열회사 (개)	자산총액 (10억 원)	동일인
1		삼성	64	69,873	이건희
2		현대	26	53,632	정몽헌
3	**	LG	43	51,965	구본무
4	*	SK	54	47,379	최태원
5		현대자동차	16	36,136	정몽구
6		한진	19	21,307	조중훈
7		포항제철	15	21,228	포항제철
8		롯데	31	16,694	신격호
9		금호	17	11,606	박성용
10		한화	25	11,496	김승연
11		두산	18	11,192	박용곤
12		쌍용	20	9,039	김석원
13		현대정유	2	7,243	현대정유(주)
14		한솔	19	6,983	이인희
15		동부	19	5,831	김준기

순위	그룹	계열회사 (개)	자산총액 (10억 원)	동일인
16	대림	17	5,395	이준용
17	동양	30	5,107	현재현
18	효성	15	4,950	조석래
19	제일제당	30	4,763	이재현
20	코오롱	25	4,640	이동찬
21	동국제강	8	4,342	장세주
22	현대산업개발	9	4,070	정세영
23	하나로통신	7	3,369	하나로통신
24	신세계	9	3,221	이명희
25	영풍	24	2,897	장병희
26	현대백화점	15	2,858	정몽근
27	동양화학	22	2,826	이회림
28	대우전자	4	2,725	대우전자㈜
29	태광산업	15	2,598	이식진
30	고합	6	2,501	㈜고합

출처: 공정거래위원회.

2. 2003년: 4개 재벌

(1) 지주회사체제 채택 4개 재벌

① 적극적인 지주회사체제: 3개 재벌

그룹			지주회사체제			지주회사 체제 달성 비율 (B/A, %)
이름	순위	계열 회사 (A, 개)	지주회사 (a)	계열 회사 (b, 개)	a+b (B, 개)	
LG	2	50	㈜LG	37	38	76
동원	32	17	동원 엔터프라이즈	9	10	59
농심	42	10	농심홀딩스	4	5	50

② 소극적인 지주회사체제: 1개 재벌

SK	3	60	SK엔론	14	15	25

출처: 제4부.

1. 그룹 순위: 2-42위; [①] 2-42위, [②] 3위.

2. 지주회사체제 달성 비율: 25-76%; [①] 50-76%, [②] 25%.

3. 지주회사체제 편입 계열회사 수: 5-38개; [①] 5-38개, [②] 15개.

4. 그룹은 4월, 지주회사는 7월 지정.

5. 그룹 순위: 7개 공기업집단을 제외한 순위.

6. ㈜LG = 2001년 ㈜LGCI.

7. 동원그룹 소속 금융지주회사(동원금융지주)는 분석에서 제외함.

(2) 대규모사기업집단 42개 vs. 지주회사체제 채택 집단 4개

① 4개 집단: [1-10위] 2개, 20%; [1-30위] 2개, 7%; [합] 4개, 10%

		순위 (위)				동일인 유형		합
		1-10	11-30	[1-30]	31+	자연인	법인	
대규모 사기업집단	(A, 개)	10	20	[30]	12	35	7	42
지주회사체제 채택 집단	(a, 개)	2		[2]	2	4		4
적극적인 지주회사체제	(a1)	1		[1]	2	3		3
소극적인 지주회사체제	(a2)	1		[1]		1		1
	(a/A, %)	20		[7]	17	11		10
	(a1/A, %)	10		[3]	17	9		7

② 4개 집단: 적극적인 지주회사체제 3개 (**), 소극적인 지주회사체제 1개 (*)

순위	그룹	계열회사 (개)	자산총액 (10억 원)	동일인
1	삼성	63	83,492	이건희
2	** LG	50	58,571	구본무
3	* SK	60	47,463	최태원
4	현대자동차	25	44,060	정몽구
5	KT	10	30,815	㈜KT
6	한진	23	21,041	조양호
7	롯데	35	20,741	신격호
8	POSCO	15	20,533	㈜POSCO
9	한화	33	14,311	김승연
10	현대중공업	6	12,379	정몽준
11	현대	12	10,160	정몽헌
12	금호	15	9,698	박성용
13	두산	22	8,452	박용곤
14	동부	23	7,332	김준기
15	효성	15	4,958	조석래

순위	그룹	계열회사 (개)	자산총액 (10억 원)	동일인
16	신세계	12	4,689	이명희
17	대림	15	4,603	이준용
18	CJ	33	4,538	이재현
19	동양	15	4,515	현재현
20	코오롱	32	4,380	이동찬
21	KT&G	2	4,242	㈜KT&G
22	하나로통신	8	4,206	하나로통신㈜
23	동국제강	7	4,079	장세주
24	현대백화점	18	3,847	정몽근
25	한솔	13	3,772	이인희
26	대우조선해양	2	3,559	대우조선해양㈜
27	대우자동차	5	3,064	대우자동차㈜
28	현대산업개발	11	2,800	정세영
29	영풍	23	2,771	장형진
30	KCC	7	2,672	정상영
31	대한전선	9	2,501	설원량
32	** 동원	17	2,388	김재철
33	부영	11	2,360	이남형
34	태광산업	20	2,326	이식진
35	동양화학	19	2,241	이회림
36	삼보컴퓨터	30	2,238	이홍순
37	하이트맥주	9	2,132	박문덕
38	대성	32	2,121	김영대
39	문화방송	32	2,089	㈜문화방송
40	한국타이어	7	2,068	조양래
41	대상	9	2,067	임창욱
42	** 농심	10	2,039	신춘호

출처: 공정거래위원회.

3. 2004년: 6개 재벌

(1) 지주회사체제 채택 6개 재벌

① 적극적인 지주회사체제: 4개 재벌

그룹			지주회사체제			지주회사 체제 달성 비율 (B/A, %)
이름	순위	계열 회사 (A, 개)	지주회사 (a)	계열 회사 (b, 개)	a+b (B, 개)	
LG	2	46	㈜LG	37	38	83
동원	31	17	동원 엔터프라이즈	9	10	59
세아	33	28	세아홀딩스	14	15	54
농심	39	12	농심홀딩스	6	7	59

② 소극적인 지주회사체제: 2개 재벌

삼성	1	63	삼성종합화학	1	2	3
SK	4	59	SK엔론	13	14	24

출처: 제4부.

1. 그룹 순위: 1-39위; [①] 2-39위, [②] 1-4위.
2. 지주회사체제 달성 비율: 3-83%; [①] 54-83%, [②] 3-24%.
3. 지주회사체제 편입 계열회사 수: 2-38개; [①] 7-38개, [②] 2-14개.
4. 그룹은 4월, 지주회사는 5월 지정.
5. 그룹 순위: 6개 공기업집단을 제외한 순위.
6. 동원그룹과 삼성그룹 소속 금융지주회사(동원금융지주, 삼성 에버랜드)는 분석에서 제외함.

(2) 대규모사기업집단 45개 vs. 지주회사체제 채택 집단 6개

① 6개 집단: [1-10위] 3개, 30%; [1-30위] 3개, 10%; [합] 6개, 13%

		순위 (위)				동일인 유형		합
		1-10	11-30	[1-30]	31+	자연인	법인	
대규모 사기업집단	(A, 개)	10	20	[30]	15	36	9	45
지주회사체제 채택 집단	(a, 개)	3		[3]	3	6		6
적극적인 지주회사체제	(a1)	1		[1]	3	4		4
소극적인 지주회사체제	(a2)	2		[2]		2		2
	(a/A, %)	30		[10]	20	17		13
	(a1/A, %)	10		[3]	20	11		9

② 6개 집단: 적극적인 지주회사체제 4개 (**), 소극적인 지주회사체제 2개 (*)

순위	그룹	계열회사 (개)	자산총액 (10억 원)	동일인
1	* 삼성	63	91,946	이건희
2	** LG	46	61,648	구본무
3	현대자동차	28	52,345	정몽구
4	* SK	59	47,180	최태원
5	KT	11	28,270	㈜KT
6	한진	23	25,413	조양호
7	롯데	36	24,620	신격호
8	POSCO	16	22,058	㈜POSCO
9	한화	31	15,084	김승연
10	현대중공업	6	14,211	정몽준
11	금호아시아나	16	10,602	박성용
12	두산	22	9,179	박용곤
13	동부	22	7,469	김준기
14	현대	7	6,355	현정은
15	대우건설	14	5,511	㈜대우건설

순위	그룹		계열회사 (개)	자산총액 (10억 원)	동일인
16	신세계		12	5,220	이명희
17	LG전선		12	5,056	구태회
18	CJ		41	4,935	이재현
19	동양		16	4,823	현재현
20	대림		12	4,811	이준용
21	효성		16	4,805	조석래
22	동국제강		8	4,736	장세주
23	GM대우		3	4,605	GM대우 오토앤테크놀로지㈜
24	코오롱		31	4,605	이동찬
25	KT&G		4	4,370	㈜KT&G
26	대우조선해양		2	3,967	대우조선해양㈜
27	현대백화점		17	3,647	정몽근
28	KCC		10	3,422	정상영
29	하나로통신		5	3,402	하나로통신㈜
30	한솔		11	3,396	이인희
31	**	동원	17	3,106	김재철
32	대한전선		11	3,072	설원량
33	**	세아	28	2,955	이운형
34	영풍		20	2,885	장형진
35	현대산업개발		12	2,786	정세영
36	태광산업		38	2,745	이호진
37	대우자동차		3	2,631	대우자동차㈜
38	부영		4	2,449	이남형
39	**	농심	12	2,369	신춘호
40	하이트맥주		12	2,329	박문덕
41	대성		40	2,323	김영대
42	동양화학		19	2,287	이회림
43	문화방송		32	2,179	㈜문화방송
44	한국타이어		7	2,095	조양래
45	삼양		7	2,033	김윤

출처: 공정거래위원회.

4. 2005년: 9개 재벌

(1) 지주회사체제 채택 9개 재벌

① 적극적인 지주회사체제: 4개 재벌

그룹			지주회사체제			지주회사 체제 달성 비율 (B/A, %)
이름	순위	계열 회사 (A, 개)	지주회사 (a)	계열 회사 (b, 개)	a+b (B, 개)	
LG	3	38	㈜LG	33	34	89
STX	28	14	㈜STX	8	9	64
세아	32	28	세아홀딩스	15	16	57
농심	43	12	농심홀딩스	6	7	58

② 소극적인 지주회사체제: 5개 재벌

이름	순위	계열회사	지주회사	계열회사	a+b	비율
삼성	1	62	삼성종합화학	1	2	3
SK	4	50	SK엔론	12	13	26
롯데	5	41			[7]	17
			롯데물산	4	5	
			롯데산업	1	2	
GS	9	50	GS홀딩스	12	13	26
한화	10	30	한화도시개발	1	2	7

출처: 제4부.

1. 그룹 순위: 1-43위; [①] 3-43위, [②] 1-10위.

2. 지주회사체제 달성 비율: 3-89%; [①] 57-89%, [②] 3-26%.

3. 지주회사체제 편입 계열회사 수: 2-34개; [①] 7-34개, [②] 2-13개.

4. 그룹은 4월, 지주회사는 8월 지정.

5. 그룹 순위: 7개 공기업집단을 제외한 순위.

6. 롯데물산과 롯데산업은 서로 지분 관계 없음.

(2) 대규모사기업집단 48개 vs. 지주회사체제 채택 집단 9개

① 9개 집단: [1-10위] 6개, 60%; [1-30위] 7개, 23%; [합] 9개, 19%

		순위 (위)				동일인 유형		합
		1-10	11-30	[1-30]	31+	자연인	법인	
대규모 사기업집단	(A, 개)	10	20	[30]	18	38	10	48
지주회사체제 채택 집단	(a, 개)	6	1	[7]	2	9		9
적극적인 지주회사체제	(a1)	1	1	[2]	2	4		4
소극적인 지주회사체제	(a2)	5		[5]		5		5
	(a/A, %)	60	5	[23]	11	24		19
	(a1/A, %)	10	5	[7]	11	11		8

② 9개 집단: 적극적인 지주회사체제 4개 (**), 소극적인 지주회사체제 5개 (*)

순위	그룹	계열회사 (개)	자산총액 (10억 원)	동일인
1	* 삼성	62	107,617	이건희
2	현대자동차	28	56,039	정몽구
3	** LG	38	50,880	구본무
4	* SK	50	47,961	최태원
5	* 롯데	41	30,302	신격호
6	KT	12	29,315	㈜KT
7	POSCO	17	25,706	POSCO
8	한진	23	24,523	조양호
9	* GS	50	18,719	허창수
10	* 한화	30	16,219	김승연
11	현대중공업	7	15,173	정몽준
12	금호아시아나	18	11,413	박성용
13	두산	18	9,734	박용곤
14	동부	21	8,171	김준기
15	현대	7	6,072	현정은
16	신세계	13	6,014	이명희
17	GM대우	3	5,976	GM대우
18	CJ	48	5,905	이재현
19	LS	17	5,877	구태회
20	동국제강	8	5,795	장세주
21	대림	12	5,686	이준용
22	대우건설	14	5,499	㈜대우건설
23	대우조선해양	3	5,411	대우조선해양
24	동양	16	4,856	현재현
25	효성	16	4,772	조석래
26	코오롱	28	4,426	이동찬
27	KT&G	8	4,376	KT&G
28	** STX	14	4,139	강덕수
29	현대백화점	20	3,781	정몽근
30	현대오일뱅크	2	3,748	현대오일뱅크㈜

순위	그룹	계열회사 (개)	자산총액 (10억 원)	동일인
31	KCC	7	3,526	정상영
32	** 세아	28	3,366	이운형
33	현대산업개발	12	3,274	정세영
34	하나로텔레콤	6	3,212	하나로텔레콤㈜
35	한솔	10	3,150	이인희
36	부영	6	3,053	이남형
37	태광산업	44	3,048	이호진
38	대한전선	12	2,905	설윤석
39	영풍	19	2,855	장형진
40	이랜드	12	2,610	박성수
41	대성	41	2,579	김영대
42	대우자동차	3	2,578	대우자동차
43	** 농심	12	2,543	신춘호
44	동양화학	18	2,364	이회림
45	하이트맥주	11	2,327	박문덕
46	문화방송	32	2,301	㈜문화방송
47	삼양	10	2,288	김윤
48	한국타이어	8	2,155	조양래

출처: 공정거래위원회.

5. 2006년: 9개 재벌

(1) 지주회사체제 채택 9개 재벌

① 적극적인 지주회사체제: 5개 재벌

그룹			지주회사체제			지주회사체제 달성 비율 (B/A, %)
이름	순위	계열회사 (A, 개)	지주회사 (a)	계열회사 (b, 개)	a+b (B, 개)	
LG	4	30	㈜LG	28	29	97
GS	8	50	GS홀딩스	15	16	32
현대백화점	31	23	㈜HC&	9	10	43
세아	36	23	세아홀딩스	14	15	65
농심	44	12	농심홀딩스	6	7	58

② 소극적인 지주회사체제: 4개 재벌

삼성	1	59	삼성종합화학	1	2	3
SK	3	56	SK E&S	12	13	23
롯데	5	43			[7]	16
			롯데물산	4	5	
			롯데산업	1	2	
한화	11	31	한화도시개발	1	2	6

출처: 제4부.

1. 그룹 순위: 1-44위; [①] 4-44위, [②] 1-11위.

2. 지주회사체제 달성 비율: 3-97%; [①] 32-97%, [②] 3-23%.

3. 지주회사체제 편입 계열회사 수: 2-29개; [①] 7-29개, [②] 2-13개.

4. 그룹은 4월, 지주회사는 8월 지정.

5. 그룹 순위: 7개 공기업집단을 제외한 순위.

6. SK E&S = 2001-2005년 SK엔론.

7. 롯데물산과 롯데산업은 서로 지분 관계 없음.

(2) 대규모사기업집단 52개 vs. 지주회사체제 채택 집단 9개

① 9개 집단: [1-10위] 5개, 50%; [1-30위] 6개, 20%; [합] 9개, 17%

		순위 (위)				동일인 유형		합
		1-10	11-30	[1-30]	31+	자연인	법인	
대규모 사기업집단	(A, 개)	10	20	[30]	22	41	11	52
지주회사체제 채택 집단	(a, 개)	5	1	[6]	3	9		9
적극적인 지주회사체제	(a1)	2		[2]	3	5		5
소극적인 지주회사체제	(a2)	3	1	[4]		4		4
	(a/A, %)	50	5	[20]	14	22		17
	(a1/A, %)	20		[7]	14	12		10

② 9개 집단: 적극적인 지주회사체제 5개 (**), 소극적인 지주회사체제 4개 (*)

순위	그룹		계열회사 (개)	자산총액 (10억 원)	동일인
1	*	삼성	59	115,924	이건희
2		현대자동차	40	62,235	정몽구
3	*	SK	56	54,808	최태원
4	**	LG	30	54,432	구본무
5	*	롯데	43	32,961	신격호
6		POSCO	21	30,183	POSCO
7		KT	12	27,520	㈜KT
8	**	GS	50	21,827	허창수
9		한진	22	20,702	조양호
10		현대중공업	7	17,267	정몽준
11	*	한화	31	16,526	김승연
12		두산	18	13,659	박용곤
13		금호아시아나	23	12,982	박삼구
14		하이닉스	5	10,358	㈜하이닉스반도체
15		동부	22	8,651	김준기
16		현대	9	7,125	현정은
17		신세계	14	7,030	이명희
18		CJ	56	6,797	이재현
19		LS	19	6,591	구태회
20		대림	13	6,527	이준용
21		GM대우	3	6,492	GM대우 오토앤테크놀로지㈜
22		하이트맥주	13	6,027	박문덕
23		대우건설	11	5,978	㈜대우건설
24		동국제강	12	5,702	장세주
25		대우조선해양	5	5,370	대우조선해양㈜
26		STX	10	4,907	강덕수
27		동양	15	4,611	현재현
28		KT&G	7	4,511	㈜KT&G
29		효성	17	4,487	조석래
30		현대오일뱅크	2	4,445	현대오일뱅크㈜

순위	그룹	계열회사 (개)	자산총액 (10억 원)	동일인
31	** 현대백화점	23	4,404	정몽근
32	코오롱	23	4,380	이동찬
33	현대산업개발	13	4,117	정몽규
34	KCC	7	4,098	정상영
35	한진중공업	3	3,739	조남호
36	** 세아	23	3,670	이운형
37	영풍	26	3,612	장형진
38	태광산업	52	3,571	이호진
39	부영	6	3,462	이남형
40	하나로텔레콤	4	3,276	하나로텔레콤㈜
41	대한전선	15	3,239	설윤석
42	쌍용	6	3,141	쌍용양회공업㈜
43	한솔	12	3,092	이인희
44	** 농심	12	2,801	신춘호
45	대성	38	2,796	김영대
46	이랜드	13	2,794	박성수
47	동양화학	19	2,627	이회림
48	삼양	11	2,418	김윤
49	문화방송	32	2,408	㈜문화방송
50	태영	19	2,335	윤세영
51	한국타이어	8	2,218	조양래
52	중앙일보	73	2,166	홍석현

출처: 공정거래위원회.

6. 2007년: 14개 재벌

(1) 지주회사체제 채택 14개 재벌

① 적극적인 지주회사체제: 10개 재벌

그룹			지주회사체제			지주회사 체제 달성 비율 (B/A, %)
이름	순위	계열 회사 (A, 개)	지주회사 (a)	계열 회사 (b, 개)	a+b (B, 개)	
SK	3	57			[34]	60
			SK㈜	23	24	
			SK E&S	11	12	
LG	4	31	㈜LG	28	29	94
GS	8	48	GS홀딩스	14	15	31
금호아시아나	9	38	금호산업	21	22	58
현대백화점	27	24	㈜HC&	10	11	46
한진중공업	32	4	한진중공업 홀딩스	4	5	125
세아	38	22	세아홀딩스	14	15	68
농심	46	15	농심홀딩스	6	7	47
태평양	48	7	태평양	4	5	71
오리온	54	22	온미디어	9	10	45

② 소극적인 지주회사체제: 4개 재벌

삼성	1	59	삼성종합화학	1	2	3
현대자동차	2	36	차산골프장 지주회사	1	2	6
한화	12	34	드림파마	5	6	18
CJ	19	64	CJ홈쇼핑	13	14	22

출처: 제4부.

1. 그룹 순위: 1-54위; [①] 3-54위, [②] 1-19위.

2. 지주회사체제 달성 비율: 3-125%; [①] 31-125%, [②] 3-22%.

3. 지주회사체제 편입 계열회사 수: 2-34개; [①] 5-34개, [②] 2-14개.

4. 그룹은 4월, 지주회사는 8월 지정.

5. 그룹 순위: 7개 공기업집단을 제외한 순위.

6. SK E&S는 SK㈜의 자회사; a+b [34] - 제4부 '24. SK그룹' 참조.

(2) 대규모사기업집단 55개 vs. 지주회사체제 채택 집단 14개

① 14개 집단: [1-10위] 6개, 60%; [1-30위] 9개, 30%; [합] 14개, 25%

		순위 (위)				동일인 유형		합
		1-10	11-30	[1-30]	31+	자연인	법인	
대규모 사기업집단	(A, 개)	10	20	[30]	25	43	12	55
지주회사체제 채택 집단	(a, 개)	6	3	[9]	5	14		14
적극적인 지주회사체제	(a1)	4	1	[5]	5	10		10
소극적인 지주회사체제	(a2)	2	2	[4]		4		4
	(a/A, %)	60	15	[30]	20	33		25
	(a1/A, %)	40	5	[17]	20	23		18

② 14개 집단: 적극적인 지주회사체제 10개 (**), 소극적인 지주회사체제 4개 (*)

순위	그룹		계열회사 (개)	자산총액 (10억 원)	동일인
1	*	삼성	59	129,078	이건희
2	*	현대자동차	36	66,225	정몽구
3	**	SK	57	60,376	최태원
4	**	LG	31	52,371	구본무
5		롯데	44	40,208	신격호
6		POSCO	23	32,661	㈜POSCO
7		KT	19	27,530	㈜KT
8	**	GS	48	25,136	허창수
9	**	금호아시아나	38	22,873	박삼구
10		한진	25	22,224	조양호
11		현대중공업	7	20,573	정몽준
12	*	한화	34	18,046	김승연
13		두산	20	14,442	박용곤
14		하이닉스	5	13,741	㈜하이닉스반도체
15		신세계	15	9,863	이명희
16		LS	20	9,852	구태회
17		현대	9	8,760	현정은
18		동부	22	8,748	김준기
19	*	CJ	64	8,423	이재현
20		대림	14	7,515	이준용
21		GM대우	3	7,335	GM대우㈜
22		대우조선해양	5	6,137	대우조선해양㈜
23		현대건설	9	6,073	현대건설㈜
24		STX	11	5,878	강덕수
25		동국제강	11	5,828	장세주
26		이랜드	16	5,383	박성수
27	**	현대백화점	24	4,939	정몽근
28		코오롱	33	4,927	이웅열
29		동양	21	4,803	현재현
30		KCC	7	4,777	정상영

순위	그룹	계열회사 (개)	자산총액 (10억 원)	동일인
31	하이트맥주	13	4,772	박문덕
32	** 한진중공업	4	4,764	조남호
33	효성	23	4,596	조석래
34	현대오일뱅크	2	4,490	현대오일뱅크㈜
35	현대산업개발	16	4,434	정몽규
36	영풍	22	4,417	장형진
37	KT&G	6	4,347	㈜KT&G
38	** 세아	22	4,007	이운형
39	부영	6	3,807	이남형
40	대한전선	18	3,732	설윤석
41	태광산업	47	3,535	이호진
42	동양화학	18	3,119	이회림
43	한솔	12	3,018	이인희
44	쌍용양회	6	2,988	쌍용양회공업㈜
45	하나로텔레콤	10	2,980	하나로텔레콤㈜
46	** 농심	15	2,932	신춘호
47	대성	40	2,854	김영대
48	** 태평양	7	2,690	서경배
49	태영	23	2,676	윤세영
50	문화방송	32	2,565	㈜문화방송
51	삼양	13	2,474	김윤
52	한국타이어	9	2,425	조양래
53	교보생명보험	15	2,261	신창재
54	** 오리온	22	2,213	담철곤
55	대우자동차판매	25	2,122	대우자동차판매㈜

출처: 공정거래위원회.

7. 2008년: 11개 재벌

(1) 지주회사체제 채택 11개 재벌

① 적극적인 지주회사체제: 8개 재벌

그룹			지주회사체제			지주회사 체제 달성 비율 (B/A, %)
이름	순위	계열회사 (A, 개)	지주회사 (a)	계열회사 (b, 개)	a+b (B, 개)	
SK	3	64			[47]	73
			SK㈜	35	36	
			SK E&S	11	12	
LG	4	36	㈜LG	29	30	83
GS	7	57	GS홀딩스	17	18	32
금호아시아나	10	52	금호산업	22	23	44
CJ	17	66			[50]	76
			CJ㈜	43	44	
			CJ홈쇼핑	13	14	
LS	18	24	㈜LS	14	15	63
한진중공업	29	5	한진중공업홀딩스	4	5	100
현대백화점	31	25	㈜HC&	10	11	44

② 소극적인 지주회사체제: 3개 재벌

삼성	1	59	삼성종합화학	1	2	3
한화	12	40	드림파마	5	6	15
대한전선	30	20	티이씨앤코	3	4	20

출처: 제4부.

1. 그룹 순위: 1-31위; [①] 3-31위, [②] 1-30위.

2. 지주회사체제 달성 비율: 3-100%; [①] 32-100%, [②] 3-20%.

3. 지주회사체제 편입 계열회사 수: 2-50개; [①] 5-50개, [②] 2-6개.

4. 그룹은 4월, 지주회사는 9월 지정.

5. 그룹 순위: 11개 공기업집단을 제외한 순위.

6. 1) SK E&S는 SK㈜의 자회사; a+b [47] - 제4부 '24. SK그룹' 참조.

   2) CJ홈쇼핑은 CJ㈜의 자회사; a+b [50] - 제4부 '15. CJ그룹' 참조.

(2) 대규모사기업집단 68개 vs. 지주회사체제 채택 집단 11개

① 11개 집단: [1-10위] 5개, 50%; [1-30위] 10개, 33%; [합] 11개, 16%

		순위 (위)				동일인 유형		합
		1-10	11-30	[1-30]	31+	자연인	법인	
대규모 사기업집단	(A, 개)	10	20	[30]	38	55	13	68
지주회사체제 채택 집단	(a, 개)	5	5	[10]	1	11		11
적극적인 지주회사체제	(a1)	4	3	[7]	1	8		8
소극적인 지주회사체제	(a2)	1	2	[3]		3		3
	(a/A, %)	50	25	[33]	3	20		16
	(a1/A, %)	40	15	[23]	3	15		12

② 11개 집단: 적극적인 지주회사체제 8개 (**), 소극적인 지주회사체제 3개 (*)

순위	그룹		계열회사 (개)	자산총액 (10억 원)	동일인
1	*	삼성	59	144,449	이건희
2		현대자동차	36	73,987	정몽구
3	**	SK	64	71,998	최태원
4	**	LG	36	57,136	구본무
5		롯데	46	43,679	신격호
6		POSCO	31	38,496	㈜POSCO
7	**	GS	57	31,051	허창수
8		현대중공업	9	30,058	정몽준
9		KT	29	27,073	㈜KT
10	**	금호아시아나	52	26,667	박삼구
11		한진	27	26,299	조양호
12	*	한화	40	20,627	김승연
13		두산	21	17,033	박용곤
14		하이닉스	8	14,995	㈜하이닉스반도체
15		STX	15	10,912	강덕수
16		신세계	15	10,707	이명희
17	**	CJ	66	10,257	이재현
18	**	LS	24	9,562	구태회
19		동부	29	9,503	김준기
20		대림	14	9,014	이준용
21		현대	9	9,007	현정은
22		대우조선해양	8	8,652	대우조선해양㈜
23		KCC	7	8,013	정상영
24		GM대우	3	7,978	GM대우 오토앤테크놀로지㈜
25		현대건설	14	7,271	현대건설
26		동국제강	12	6,523	장세주
27		효성	30	5,980	조석래
28		동양	20	5,851	현재현
29	**	한진중공업	5	5,719	조남호
30	*	대한전선	20	5,620	설윤석

순위	그룹	계열회사 (개)	자산총액 (10억 원)	동일인
31	** 현대백화점	25	5,582	정지선
32	영풍	21	5,218	장형진
33	이랜드	19	5,200	박성수
34	코오롱	34	5,159	이웅열
35	현대산업개발	15	4,926	정몽규
36	웅진	24	4,920	윤석금
37	하이트맥주	15	4,805	박문덕
38	부영	6	4,755	이중근
39	KT&G	6	4,737	㈜KT&G
40	세아	23	4,420	이운형
41	동양화학	15	4,163	이수영
42	태광산업	46	3,802	이호진
43	삼성테스코	2	3,500	삼성테스코㈜
44	미래에셋	21	3,391	박현주
45	대성	47	3,262	김영대
46	태영	26	3,215	윤세영
47	한솔	16	3,193	이인희
48	유진	42	3,080	유경선
49	농심	16	3,023	신춘호
50	태평양	9	2,993	서경배
51	애경	29	2,968	장영신
52	하나로텔레콤	18	2,936	하나로텔레콤㈜
53	한라	12	2,925	정몽원
54	쌍용양회	6	2,882	쌍용양회공업㈜
55	대주건설	20	2,851	허재호
56	문화방송	36	2,747	㈜문화방송
57	한국타이어	9	2,673	조양래
58	프라임	43	2,604	백종헌
59	보광	62	2,525	홍석규
60	삼양	13	2,511	김윤

순위	그룹	계열회사 (개)	자산총액 (10억 원)	동일인
61	오리온	20	2,497	담철곤
62	교보생명보험	11	2,426	신창재
63	씨앤	29	2,281	임병석
64	대우자동차판매	26	2,245	대우자동차판매㈜
65	대한해운	7	2,236	이진방
66	선명	12	2,185	심장식
67	농협	26	2,099	농업협동조합중앙회
68	대교	14	2,031	강영중

출처: 공정거래위원회.

8. 2009년: 13개 재벌

(1) 지주회사체제 채택 13개 재벌

① 적극적인 지주회사체제: 10개 재벌

그룹			지주회사체제			지주회사 체제 달성 비율 (B/A, %)
이름	순위	계열 회사 (A, 개)	지주회사 (a)	계열 회사 (b, 개)	a+b (B, 개)	
SK	3	77			[59]	77
			SK㈜	58	59	
			SK E&S	10	11	
LG	4	52	㈜LG	45	46	88
GS	8	64	㈜GS	24	25	39
두산	12	26			[22]	85
			두산	21	22	
			두산모트롤 홀딩스	1	2	
LS	17	32	㈜LS	19	20	63
CJ	19	61			[51]	84
			CJ㈜	50	51	
			CJ오쇼핑	13	14	
한진중공업	29	6	한진중공업 홀딩스	5	6	100
현대백화점	33	22	㈜HC&	9	10	45
웅진	34	29	웅진홀딩스	18	19	66
세아	38	23	세아홀딩스	15	16	70

② 소극적인 지주회사체제: 3개 재벌

그룹			지주회사체제			지주회사 체제 달성 비율 (B/A, %)
이름	순위	계열 회사 (A, 개)	지주회사 (a)	계열 회사 (b, 개)	a+b (B, 개)	
삼성	1	63	삼성종합화학	1	2	3
한화	13	44	드림파마	5	6	14
대한전선	25	32	티이씨앤코	4	5	16

출처: 제4부.

1. 그룹 순위: 1-38위; [①] 3-38위, [②] 1-25위.

2. 지주회사체제 달성 비율: 3-100%; [①] 39-100%, [②] 3-16%.

3. 지주회사체제 편입 계열회사 수: 2-59개; [①] 6-59개, [②] 2-6개.

4. 그룹은 4월, 지주회사는 9월 지정.

5. 그룹 순위: 8개 공기업집단을 제외한 순위.

6. 한국투자금융그룹(39위)은 분석에서 제외: 2개 금융지주회사 (한국투자금융지주, 한국투자운용지주) 보유.

7. 1) CJ오쇼핑 = 2007-2008년 CJ홈쇼핑.

   2) ㈜GS = 2005-2008년 GS홀딩스.

8. 1) SK E&S는 SK㈜의 자회사.

   2) 두산모트롤홀딩스는 두산의 자회사.

   3) CJ오쇼핑은 CJ㈜의 자회사.

(2) 대규모사기업집단 39개 vs. 지주회사체제 채택 집단 13개

① 13개 집단: [1-10위] 4개, 40%; [1-30위] 10개, 33%; [합] 13개, 33%

		순위 (위)				동일인 유형		합
		1-10	11-30	[1-30]	31+	자연인	법인	
대규모 사기업집단	(A, 개)	10	20	[30]	9	30	9	39
지주회사체제 채택 집단	(a, 개)	4	6	[10]	3	13		13
적극적인 지주회사체제	(a1)	3	4	[7]	3	10		10
소극적인 지주회사체제	(a2)	1	2	[3]		3		3
	(a/A, %)	40	30	[33]	33	43		33
	(a1/A, %)	30	20	[23]	33	33		26

② 13개 집단: 적극적인 지주회사체제 10개 (**), 소극적인 지주회사체제 3개 (*)

순위	그룹		계열회사 (개)	자산총액 (10억 원)	동일인
1	*	삼성	63	174,886	이건희
2		현대자동차	41	86,945	정몽구
3	**	SK	77	85,889	최태원
4	**	LG	52	68,289	구본무
5		POSCO	36	49,062	㈜POSCO
6		롯데	54	48,890	신격호
7		현대중공업	15	40,882	정몽준
8	**	GS	64	39,044	허창수
9		금호아시아나	48	37,558	박삼구
10		한진	33	29,135	조양호
11		KT	30	28,462	㈜KT
12	**	두산	26	27,302	박용곤
13	*	한화	44	24,467	김승연
14		STX	17	20,687	강덕수
15		대우조선해양	10	16,666	대우조선해양㈜

순위	그룹	계열회사 (개)	자산총액 (10억 원)	동일인
16	하이닉스	8	13,375	㈜하이닉스반도체
17	** LS	32	12,845	구태회
18	현대	11	12,574	현정은
19	** CJ	61	12,324	이재현
20	동부	32	12,271	김준기
21	신세계	14	11,956	이명희
22	대림	16	11,060	이준용
23	현대건설	14	9,337	현대건설㈜
24	GM대우	3	8,892	GM대우 오토앤테크놀로지㈜
25	* 대한전선	32	8,577	설윤석
26	효성	41	8,424	조석래
27	OCI	18	8,214	이수영
28	동국제강	13	8,092	장세주
29	** 한진중공업	6	7,904	조남호
30	S-Oil	2	7,728	S-Oil㈜
31	KCC	10	6,649	정상영
32	코오롱	38	5,881	이웅열
33	** 현대백화점	22	5,868	정지선
34	** 웅진	29	5,867	윤석금
35	현대산업개발	16	5,736	정몽규
36	동양	22	5,641	현재현
37	삼성테스코	3	5,532	삼성테스코㈜
38	** 세아	23	5,400	이운형
39	(한국투자금융)	14	5,351	김남구
40	KT&G	6	5,284	㈜KT&G

출처: 공정거래위원회.

9. 2010년: 17개 재벌

(1) 지주회사체제 채택 17개 재벌

① 적극적인 지주회사체제: 13개 재벌

그룹			지주회사체제			지주회사
이름	순위	계열 회사 (A, 개)	지주회사 (a)	계열 회사 (b, 개)	a+b (B, 개)	체제 달성 비율 (B/A, %)
SK	3	75			[63]	84
			SK(주)	62	63	
			SK E&S	9	10	
LG	4	53	(주)LG	45	46	87
GS	7	69	(주)GS	27	28	41
한진	10	37	한진해운홀딩스	11	12	32
두산	12	29			[24]	83
			두산	23	24	
			디아이피 홀딩스	3	4	
LS	15	44	(주)LS	24	25	57
CJ	18	54			[58]	107
			CJ(주)	46	47	
			CJ오쇼핑	5	6	
			오미디어홀딩스	10	11	
			온미디어	9	10	
한진중공업	29	7	한진중공업 홀딩스	6	7	100
웅진	33	24	웅진홀딩스	20	21	88
현대백화점	34	29	(주)HC&	13	14	48

그룹			지주회사체제			지주회사 체제 달성 비율 (B/A, %)
이름	순위	계열회사 (A, 개)	지주회사 (a)	계열회사 (b, 개)	a+b (B, 개)	
코오롱	36	37	코오롱	29	30	81
하이트맥주	38	16	하이트홀딩스	13	14	88
세아	44	19	세아홀딩스	12	13	68

② 소극적인 지주회사체제: 4개 재벌

삼성	1	67	삼성종합화학	1	2	3
한화	13	48	한화도시개발	8	9	19
부영	24	15	부영	2	3	20
대한전선	31	26	티이씨앤코	4	5	19

출처: 제4부.

1. 그룹 순위: 1-44위; [①] 3-44위, [②] 1-31위.

2. 지주회사체제 달성 비율: 3-107%; [①] 32-107%, [②] 3-20%.

3. 지주회사체제 편입 계열회사 수: 2-63개; [①] 7-63개, [②] 2-9개.

4. 그룹은 4월, 지주회사는 9월 지정.

5. 그룹 순위: 8개 공기업집단을 제외한 순위.

6. 미래에셋그룹(42위)과 한국투자금융그룹(45위)은 분석에서 제외: 각각 금융지주회사 1개(미래에셋컨설팅), 2개(한국투자금융지주, 한국투자운용지주) 보유.

7. 1) SK E&S는 SK㈜의 자회사.

   2) 디아이피홀딩스는 두산의 자회사.

   3) CJ오쇼핑은 CJ㈜의 자회사, 온미디어는 오미디어홀딩스 의 자회사, CJ㈜와 오미디어홀딩스는 서로 지분 관계 없음.

(2) 대규모사기업집단 43개 vs. 지주회사체제 채택 집단 17개

① 17개 집단: [1-10위] 5개, 50%; [1-30위] 11개, 37%; [합] 17개, 40%

		순위 (위)				동일인 유형		합
		1-10	11-30	[1-30]	31+	자연인	법인	
대규모 사기업집단	(A, 개)	10	20	[30]	13	33	10	43
지주회사체제 채택 집단	(a, 개)	5	6	[11]	6	17		17
적극적인 지주회사체제	(a1)	4	4	[8]	5	13		13
소극적인 지주회사체제	(a2)	1	2	[3]	1	4		4
	(a/A, %)	50	30	[37]	46	52		40
	(a1/A, %)	40	20	[27]	38	39		30

② 17개 집단: 적극적인 지주회사체제 13개 (**), 소극적인 지주회사체제 4개 (*)

순위	그룹		계열회사 (개)	자산총액 (10억 원)	동일인
1	*	삼성	67	192,847	이건희
2		현대자동차	42	100,775	정몽구
3	**	SK	75	87,522	최태원
4	**	LG	53	78,918	구본무
5		롯데	60	67,265	신격호
6		POSCO	48	52,877	㈜POSCO
7	**	GS	69	43,084	허창수
8		현대중공업	16	40,189	정몽준
9		금호아시아나	45	34,942	박삼구
10	**	한진	37	30,387	조양호
11		KT	30	27,099	㈜KT
12	**	두산	29	26,788	박용곤
13	*	한화	48	26,391	김승연
14		STX	16	20,901	강덕수
15	**	LS	44	16,179	구태회
16		대우조선해양	13	15,960	대우조선해양㈜
17		하이닉스	9	13,614	㈜하이닉스반도체
18	**	CJ	54	13,023	이재현
19		대림	16	12,992	이준용
20		동부	31	12,487	김준기
21		현대	12	12,472	현정은
22		신세계	12	12,438	이명희
23		현대건설	20	9,810	현대건설㈜
24	*	부영	15	9,161	이중근
25		효성	40	9,124	조석래
26		S-Oil	2	9,119	S-Oil㈜
27		동국제강	12	9,107	장세주
28		KCC	10	8,701	정상영
29	**	한진중공업	7	8,630	조남호
30		GM대우	4	8,212	GM대우 오토앤테크놀로지㈜

순위	그룹		계열회사 (개)	자산총액 (10억 원)	동일인
31	*	대한전선	26	7,954	설윤석
32		OCI	18	7,769	이수영
33	**	웅진	24	6,874	윤석금
34	**	현대백화점	29	6,857	정지선
35		삼성테스코	3	6,836	삼성테스코㈜
36	**	코오롱	37	6,829	이웅열
37		현대산업개발	15	6,693	정몽규
38	**	하이트맥주	16	6,254	박문덕
39		동양	24	5,951	현재현
40		KT&G	6	5,817	㈜KT&G
41		영풍	23	5,790	장형진
42		(미래에셋)	26	5,753	박현주
43		현대오일뱅크	2	5,633	현대오일뱅크㈜
44	**	세아	19	5,147	이운형
45		(한국투자금융)	18	5,039	김남구

출처: 공정거래위원회.

10. 2011년: 20개 재벌

(1) 지주회사체제 채택 20개 재벌

① 적극적인 지주회사체제: 15개 재벌

그룹			지주회사체제			지주회사 체제 달성 비율 (B/A, %)
이름	순위	계열 회사 (A, 개)	지주회사 (a)	계열 회사 (b, 개)	a+b (B, 개)	
SK	3	86			[67]	78
			SK㈜	66	67	
			SK E&S	9	10	
			SK이노베이션	16	17	
LG	4	59	㈜LG	50	51	86
GS	8	76	㈜GS	31	32	42
한진	9	40	한진해운홀딩스	13	14	35
두산	12	25			[21]	84
			두산	20	21	
			디아이피 홀딩스	2	3	
LS	15	47	㈜LS	26	27	57
CJ	16	65	CJ㈜	49	50	77
부영	23	16			[5]	31
			부영	2	3	
			동광주택산업	1	2	
현대백화점	30	26	현대HC&	11	12	46
한진중공업	31	8	한진중공업 홀딩스	7	8	100
웅진	32	31	웅진홀딩스	19	20	65

그룹			지주회사체제			지주회사 체제 달성 비율 (B/A, %)
이름	순위	계열 회사 (A, 개)	지주회사 (a)	계열 회사 (b, 개)	a+b (B, 개)	
코오롱	33	39	코오롱	30	31	79
하이트진로	42	15	하이트홀딩스	12	13	87
대성	43	73			[49]	67
			대성합동지주	18	19	
			대성홀딩스	9	10	
			서울도시개발	19	20	
세아	44	21	세아홀딩스	14	15	71

② 소극적인 지주회사체제: 5개 재벌

삼성	1	78	삼성종합화학	1	2	3
한화	10	55	한화도시개발	10	11	20
동부	20	38	동부 인베스트먼트	1	2	5
대한전선	39	23	티이씨앤코	4	5	22
태광	46	50	티브로드홀딩스	10	11	22

출처: 제4부.

1. 그룹 순위: 1-46위; [①] 3-44위, [②] 1-46위.

2. 지주회사체제 달성 비율: 3-100%; [①] 31-100%, [②] 3-22%.

3. 지주회사체제 편입 계열회사 수: 2-67개; [①] 5-67개, [②] 2-11개.

4. 그룹은 4월, 지주회사는 9월 지정.

5. 1) 그룹 순위: 8개 공기업집단을 제외한 순위.

   2) 하이트진로 = 2010년 하이트맥주.

6. 한국투자금융그룹(45위)은 분석에서 제외: 금융지주회사 2개
(한국투자금융지주, 한국투자운용지주) 보유.

7. 현대 HC& = 2006-2010년 ㈜HC&.

8. 1) SK E&S와 SK이노베이션은 SK㈜의 자회사.

   2) 디아이피홀딩스는 두산의 자회사.

   3) 다음은 서로 지분 관계 없음: 부영과 동광주택산업; 대성
합동지주, 대성홀딩스 및 서울도시개발.

(2) 대규모사기업집단 46개 vs. 지주회사체제 채택 집단 20개

① 20개 집단: [1-10위] 6개, 60%; [1-30위] 12개, 40%; [합] 20개, 43%

		순위 (위)				동일인 유형		합
		1-10	11-30	[1-30]	31+	자연인	법인	
대규모 사기업집단	(A, 개)	10	20	[30]	16	37	9	46
지주회사체제 채택 집단	(a, 개)	6	6	[12]	8	20		20
적극적인 지주회사체제	(a1)	4	5	[9]	6	15		15
소극적인 지주회사체제	(a2)	2	1	[3]	2	5		5
	(a/A, %)	60	30	[40]	50	54		43
	(a1/A, %)	40	25	[30]	38	41		33

② 20개 집단: 적극적인 지주회사체제 15개 (**), 소극적인 지주회사체제 5개 (*)

순위	그룹		계열회사 (개)	자산총액 (10억 원)	동일인
1	*	삼성	78	230,928	이건희
2		현대자동차	63	126,689	정몽구
3	**	SK	86	97,042	최태원
4	**	LG	59	90,592	구본무
5		롯데	78	77,349	신격호
6		POSCO	61	69,845	㈜POSCO
7		현대중공업	21	54,406	정몽준
8	**	GS	76	46,720	허창수
9	**	한진	40	33,469	조양호
10	*	한화	55	31,731	김승연
11		KT	32	28,139	㈜KT
12	**	두산	25	26,966	박용곤
13		금호아시아나	36	24,507	박삼구
14		STX	21	21,969	강덕수
15	**	LS	47	18,043	구태회
16	**	CJ	65	16,323	이재현
17		하이닉스	9	16,144	㈜하이닉스반도체
18		신세계	13	16,040	이명희
19		대우조선해양	16	15,540	대우조선해양㈜
20	*	동부	38	14,263	김준기
21		현대	14	13,705	현정은
22		대림	19	13,465	이준용
23	**	부영	16	11,428	이중근
24		대우건설	13	10,955	㈜대우건설
25		KCC	9	10,176	정상영
26		동국제강	13	10,128	장세주
27		S-Oil	2	10,078	S-Oil㈜
28		효성	39	9,719	조석래
29		OCI	17	9,645	이수영
30	**	현대백화점	26	8,399	정지선

순위	그룹	계열회사 (개)	자산총액 (10억 원)	동일인
31	** 한진중공업	8	8,158	조남호
32	** 웅진	31	8,071	윤석금
33	** 코오롱	39	8,050	이웅열
34	한국GM	3	7,857	한국GM㈜
35	홈플러스	3	7,242	홈플러스㈜
36	영풍	24	7,170	장형진
37	현대산업개발	15	7,106	정몽규
38	동양	31	6,906	현재현
39	* 대한전선	23	6,764	설윤석
40	미래에셋	29	6,620	박현주
41	KT&G	9	6,564	㈜KT&G
42	** 하이트진로	15	6,071	박문덕
43	** 대성	73	5,758	김영대
44	** 세아	21	5,733	이운형
45	(한국투자금융)	18	5,571	김남구
46	* 태광	50	5,479	이호진
47	유진	33	5,158	유경선

출처: 공정거래위원회.

11. 2012년: 21개 재벌

(1) 지주회사체제 채택 21개 재벌

① 적극적인 지주회사체제: 18개 재벌

그룹			지주회사체제			지주회사 체제 달성 비율 (B/A, %)
이름	순위	계열 회사 (A, 개)	지주회사 (a)	계열 회사 (b, 개)	a+b (B, 개)	
SK	3	94			[67]	71
			SK㈜	66	67	
			SK이노베이션	17	18	
LG	4	63	㈜LG	51	52	83
GS	8	73			[25]	34
			㈜GS	24	25	
			GS에너지	18	19	
한진	9	45	한진해운홀딩스	15	16	36
두산	12	24			[21]	88
			두산	20	21	
			디아이피 홀딩스	3	4	
CJ	14	84	CJ㈜	47	48	57
LS	15	50	㈜LS	27	28	56
부영	23	17			[6]	35
			부영	3	4	
			동광주택산업	1	2	
현대백화점	28	35	현대HC&	11	12	34
코오롱	30	40	코오롱	29	30	75
웅진	31	29	웅진홀딩스	23	24	83

그룹			지주회사체제			지주회사 체제 달성 비율 (B/A, %)
이름	순위	계열 회사 (A, 개)	지주회사 (a)	계열 회사 (b, 개)	a+b (B, 개)	
농협	34	41			[28]	68
			농협경제지주	13	14	
			농협금융지주	13	14	
한진중공업	36	8	한진중공업 홀딩스	7	8	100
대성	41	85			[60]	71
			대성합동지주	28	29	
			대성홀딩스	9	10	
			서울도시개발	20	21	
세아	42	24	세아홀딩스	16	17	71
태광	43	44			[15]	34
			티브로드홀딩스	14	15	
			티브로드 도봉강북방송	1	2	
하이트진로	44	15	하이트진로 홀딩스	12	13	87
태영	48	40	SBS미디어 홀딩스	17	18	45

② 소극적인 지주회사체제: 3개 재벌

삼성	1	81	삼성종합화학	1	2	2
한화	10	53	한화도시개발	9	10	19
동부	19	56	동부 인베스트먼트	2	3	5

출처: 제4부.

1. 그룹 순위: 1-48위; [①] 3-48위, [②] 1-19위.

2. 지주회사체제 달성 비율: 2-100%; [①] 34-100%, [②] 2-19%.

3. 지주회사체제 편입 계열회사 수: 2-67개; [①] 6-67개, [②] 2-10개.

4. 그룹은 4월, 지주회사는 9월 지정.

5. 그룹 순위: 11개 공기업집단을 제외한 순위.

6. 한국투자금융그룹(47위)은 분석에서 제외: 금융지주회사 1개 (한국투자금융지주) 보유.

7. 하이트진로홀딩스 = 2010-2011년 하이트홀딩스.

8. 1) SK이노베이션은 SK㈜의 자회사.

   2) GS에너지는 ㈜GS의 자회사.

   3) 디아이피홀딩스는 두산의 자회사.

   4) 티브로드도봉강북방송은 티브로드홀딩스의 손자회사.

   5) 다음은 서로 지분 관계 없음: 부영과 동광주택산업; 농협경제지주와 농협금융지주; 대성합동지주, 대성홀딩스 및 서울도시개발.

(2) 대규모사기업집단 51개 vs. 지주회사체제 채택 집단 21개

① 21개 집단: [1-10위] 6개, 60%; [1-30위] 13개, 43%; [합] 21개, 41%

		순위 (위)				동일인 유형		합
		1-10	11-30	[1-30]	31+	자연인	법인	
대규모 사기업집단	(A, 개)	10	20	[30]	21	42	9	51
지주회사체제 채택 집단	(a, 개)	6	7	[13]	8	20	1	21
적극적인 지주회사체제	(a1)	4	6	[10]	8	17	1	18
소극적인 지주회사체제	(a2)	2	1	[3]		3		3
	(a/A, %)	60	35	[43]	38	48	11	41
	(a1/A, %)	40	30	[33]	38	40	11	35

② 21개 집단: 적극적인 지주회사체제 18개 (**), 소극적인 지주회사체제 3개 (*)

순위		그룹	계열회사 (개)	자산총액 (10억 원)	동일인
1	*	삼성	81	255,704	이건희
2		현대자동차	56	154,659	정몽구
3	**	SK	94	136,474	최태원
4	**	LG	63	100,777	구본무
5		롯데	79	83,305	신격호
6		POSCO	70	80,618	㈜POSCO
7		현대중공업	24	55,771	정몽준
8	**	GS	73	51,388	허창수
9	**	한진	45	37,494	조양호
10	*	한화	53	34,263	김승연
11		KT	50	32,165	㈜KT
12	**	두산	24	29,915	박용곤
13		STX	26	24,321	강덕수
14	**	CJ	84	22,922	이재현
15	**	LS	50	19,316	구태회

순위		그룹	계열회사 (개)	자산총액 (10억 원)	동일인
16		금호아시아나	25	19,099	박삼구
17		신세계	19	17,532	이명희
18		대우조선해양	19	16,665	대우조선해양㈜
19	*	동부	56	15,684	김준기
20		대림	17	14,761	이준용
21		현대	20	13,948	현정은
22		S-Oil	2	13,294	S-Oil㈜
23	**	부영	17	12,533	이중근
24		OCI	19	11,773	이수영
25		효성	45	11,654	조석래
26		대우건설	15	10,853	㈜대우건설
27		동국제강	16	10,827	장세주
28	**	현대백화점	35	10,457	정지선
29		한국GM	3	10,244	한국GM㈜
30	**	코오롱	40	9,378	이웅열
31	**	웅진	29	9,335	윤석금
32		KCC	9	9,182	정상영
33		영풍	23	8,726	장형진
34	**	농협	41	8,627	농업협동조합중앙회
35		미래에셋	30	8,364	박현주
36	**	한진중공업	8	8,147	조남호
37		동양	34	7,776	현재현
38		홈플러스	3	7,639	홈플러스㈜
39		현대산업개발	15	7,470	정몽규
40		KT&G	13	6,991	㈜KT&G
41	**	대성	85	6,922	김영대
42	**	세아	24	6,914	이운형
43	**	태광	44	6,561	이호진
44	**	하이트진로	15	6,041	박문덕
45		한라	23	5,779	정몽원

순위	그룹	계열회사 (개)	자산총액 (10억 원)	동일인
46	교보생명보험	13	5,708	신창재
47	(한국투자금융)	15	5,473	김남구
48	** 태영	40	5,443	윤세영
49	대한전선	24	5,309	설윤석
50	한국타이어	15	5,245	조양래
51	이랜드	30	5,242	박성수
52	유진	28	5,139	유경선

출처: 공정거래위원회.

12. 2013년: 21개 재벌

(1) 지주회사체제 채택 21개 재벌

① 적극적인 지주회사체제: 19개 재벌

그룹			지주회사체제			지주회사 체제 달성 비율 (B/A, %)
이름	순위	계열 회사 (A, 개)	지주회사 (a)	계열 회사 (b, 개)	a+b (B, 개)	
SK	3	81			[64]	79
			SK㈜	63	64	
			SK이노베이션	12	13	
LG	4	61	㈜LG	54	55	90
GS	8	79			[31]	39
			㈜GS	30	31	
			GS에너지	17	18	
농협	9	34			[28]	82
			농협경제지주	13	14	
			농협금융지주	13	14	
한진	10	45			[25]	56
			한진칼	8	9	
			한진해운홀딩스	15	16	
두산	13	25			[20]	80
			두산	19	20	
			디아이피 홀딩스	3	4	

그룹			지주회사체제			지주회사 체제 달성 비율 (B/A, %)
이름	순위	계열 회사 (A, 개)	지주회사 (a)	계열 회사 (b, 개)	a+b (B, 개)	
CJ	15	82			[55]	67
			CJ㈜	54	55	
			케이엑스 홀딩스	15	16	
LS	17	49	㈜LS	27	28	57
부영	23	16			[6]	38
			부영	3	4	
			동광주택산업	1	2	
현대백화점	26	35	현대HC&	12	13	37
코오롱	32	38	코오롱	30	31	82
한진중공업	33	9	한진중공업 홀딩스	8	9	100
대성	37	83			[55]	66
			대성합동지주	30	31	
			서울도시개발	23	24	
세아	42	23	세아홀딩스	17	18	78
태광	43	44			[15]	34
			티브로드홀딩스	12	13	
			티브로드 전주방송	5	6	
			티브로드 도봉강북방송	1	2	
하이트진로	47	14	하이트진로 홀딩스	11	12	86
태영	48	40	SBS미디어 홀딩스	18	19	48

그룹			지주회사체제			지주회사 체제 달성 비율 (B/A, %)
이름	순위	계열 회사 (A, 개)	지주회사 (a)	계열 회사 (b, 개)	a+b (B, 개)	
웅진	49	25	웅진홀딩스	20	21	84
아모레퍼시픽	52	10	아모레퍼시픽 그룹	9	10	100

② 소극적인 지주회사체제: 2개 재벌

삼성	1	76	삼성종합화학	1	2	3
한화	11	49	한화도시개발	8	9	18

출처: 제4부.

1. 그룹 순위: 1-52위; [①] 3-52위, [②] 1-11위.

2. 지주회사체제 달성 비율: 3-100%; [①] 34-100%, [②] 3-18%.

3. 지주회사체제 편입 계열회사 수: 2-64개; [①] 6-64개, [②] 2-9개.

4. 그룹은 4월, 지주회사는 9월 지정.

5. 1) 그룹 순위: 10개 공기업집단을 제외한 순위.
   2) 아모레퍼시픽 = 2007년 태평양.

6. 한국투자금융그룹(45위)은 분석에서 제외: 금융지주회사 1개 (한국투자금융지주) 보유.

7. 아모레퍼시픽그룹 = 2007년 태평양.

8. 1) SK이노베이션은 SK㈜의 자회사.

   2) GS에너지는 ㈜GS의 자회사.

   3) 디아이피홀딩스는 두산의 자회사.

   4) 케이엑스홀딩스는 CJ㈜의 자회사.

   5) 티브로드전주방송은 티브로드홀딩스의 자회사, 티브로드
      도봉강북방송은 티브로드홀딩스의 손자회사; a+b [15] -
      제4부 '31. 태광그룹' 참조.

   6) 다음은 서로 지분 관계 없음: 농업경제지주와 농업금융지
      주; 한진칼과 한진해운홀딩스; 부영과 동광주택산업; 대
      성합동지주와 서울도시개발.

(2) 대규모사기업집단 51개 vs. 지주회사체제 채택 집단 21개

① 21개 집단: [1-10위] 6개, 60%; [1-30위] 12개, 40%; [합] 21개, 41%

		순위 (위)				동일인 유형		합
		1-10	11-30	[1-30]	31+	자연인	법인	
대규모 사기업집단	(A, 개)	10	20	[30]	21	42	9	51
지주회사체제 채택 집단	(a, 개)	6	6	[12]	9	20	1	21
적극적인 지주회사체제	(a1)	5	5	[10]	9	18	1	19
소극적인 지주회사체제	(a2)	1	1	[2]		2		2
	(a/A, %)	60	30	[40]	43	48	11	41
	(a1/A, %)	50	25	[33]	43	43	11	37

② 21개 집단: 적극적인 지주회사체제 19개 (**), 소극적인 지주회사체제 2개 (*)

순위	그룹	계열회사 (개)	자산총액 (10억 원)	동일인
1	* 삼성	76	306,092	이건희
2	현대자동차	57	166,694	정몽구
3	** SK	81	140,621	최태원
4	** LG	61	102,360	구본무
5	롯데	77	87,523	신격호
6	POSCO	52	81,087	㈜POSCO
7	현대중공업	26	56,451	정몽준
8	** GS	79	55,246	허창수
9	** 농협	34	38,942	농업협동조합중앙회
10	** 한진	45	37,987	조양호
11	* 한화	49	35,944	김승연
12	KT	54	34,806	㈜KT
13	** 두산	25	29,425	박용곤
14	STX	21	24,328	강덕수
15	** CJ	82	24,143	이재현
16	신세계	27	22,881	이명희
17	** LS	49	20,075	구태회
18	동부	61	17,110	김준기
19	금호아시아나	24	17,037	박삼구
20	대우조선해양	20	16,189	대우조선해양㈜
21	대림	19	16,112	이준용
22	현대	20	14,965	현정은
23	** 부영	16	14,131	이중근
24	S-Oil	2	12,580	S-Oil㈜
25	OCI	22	12,159	이수영
26	** 현대백화점	35	11,517	정지선
27	효성	48	11,442	조석래
28	대우건설	16	11,400	㈜대우건설
29	한국GM	3	10,169	한국GM㈜
30	동국제강	15	9,972	장세주

순위	그룹	계열회사 (개)	자산총액 (10억 원)	동일인
31	영풍	23	9,921	장형진
32	** 코오롱	38	9,620	이웅열
33	** 한진중공업	9	8,772	조남호
34	미래에셋	28	8,632	박현주
35	KCC	9	8,507	정몽진
36	홈플러스	3	8,102	홈플러스㈜
37	** 대성	83	7,830	김영대
38	KT&G	11	7,671	㈜KT&G
39	동양	30	7,588	현재현
40	한라	23	7,541	정몽원
41	현대산업개발	15	7,388	정몽규
42	** 세아	23	7,061	이순형
43	** 태광	44	6,984	이호진
44	교보생명보험	12	6,296	신창재
45	(한국투자금융)	13	6,129	김남구
46	한국타이어	16	6,053	조양래
47	** 하이트진로	14	6,043	박문덕
48	** 태영	40	5,912	윤세영
49	** 웅진	25	5,895	윤석금
50	이랜드	27	5,542	박성수
51	한솔	22	5,211	이인희
52	** 아모레퍼시픽	10	5,105	서경배

출처: 공정거래위원회.

13. 2014년: 22개 재벌

(1) 지주회사체제 채택 22개 재벌

① 적극적인 지주회사체제: 19개 재벌

그룹			지주회사체제			지주회사 체제 달성 비율 (B/A, %)
이름	순위	계열 회사 (A, 개)	지주회사 (a)	계열 회사 (b, 개)	a+b (B, 개)	
SK	3	80			[63]	79
			SK㈜	62	63	
			SK E&S	13	14	
			SK이노베이션	13	14	
LG	4	61	㈜LG	54	55	90
GS	8	80			[35]	44
			㈜GS	34	35	
			GS에너지	20	21	
농협	9	32			[27]	84
			농협경제지주	14	15	
			농협금융지주	11	12	
한진	10	48			[25]	52
			한진칼	8	9	
			한진해운홀딩스	15	16	
두산	13	22			[15]	68
			두산	14	15	
			디아이피 홀딩스	2	3	

그룹			지주회사체제			지주회사체제 달성 비율 (B/A, %)
이름	순위	계열회사 (A, 개)	지주회사 (a)	계열회사 (b, 개)	a+b (B, 개)	(B/A, %)
CJ	15	73			[50]	68
			CJ㈜	47	48	
			케이엑스홀딩스	15	16	
LS	16	51	㈜LS	26	27	53
부영	21	14			[6]	43
			부영	3	4	
			동광주택산업	1	2	
현대백화점	25	35	현대HC&	14	15	43
코오롱	31	37	코오롱	30	31	84
한진중공업	33	10	한진중공업홀딩스	9	10	100
한라	35	21	한라홀딩스	11	12	57
한국타이어	38	16	한국타이어월드와이드	9	10	63
대성	40	76			[46]	61
			대성합동지주	22	23	
			서울도시개발	22	23	
세아	44	22	세아홀딩스	17	18	82
태영	46	42	SBS미디어홀딩스	17	18	43
하이트진로	47	12	하이트진로홀딩스	10	11	92
아모레퍼시픽	48	10	아모레퍼시픽그룹	9	10	100

② 소극적인 지주회사체제: 3개 재벌

그룹			지주회사체제			지주회사 체제 달성 비율 (B/A, %)
이름	순위	계열 회사 (A, 개)	지주회사 (a)	계열 회사 (b, 개)	a+b (B, 개)	
삼성	1	74	삼성종합화학	1	2	3
한화	11	51	한화도시개발	6	7	14
태광	39	34	티브로드홀딩스	7	8	24

출처: 제4부.

1. 그룹 순위: 1-48위; [①] 3-48위, [②] 1-39위.

2. 지주회사체제 달성 비율: 3-100%; [①] 43-100%, [②] 3-24%.

3. 지주회사체제 편입 계열회사 수: 2-63개; [①] 6-63개, [②] 2-8개.

4. 그룹은 4월, 지주회사는 9월 지정.

5. 그룹 순위: 13개 공기업집단을 제외한 순위.

6. 1) SK E&S와 SK이노베이션은 SK㈜의 자회사.

   2) GS에너지는 ㈜GS의 자회사.

   3) 디아이피홀딩스는 두산의 자회사.

   4) 케이엑스홀딩스는 CJ㈜의 자회사; a+b [50] - 제4부 '15. CJ그룹' 참조.

   5) 다음은 서로 지분 관계 없음: 농업경제지주와 농업금융지주; 한진칼과 한진해운홀딩스; 부영과 동광주택산업; 대성합동지주와 서울도시개발.

(2) 대규모사기업집단 50개 vs. 지주회사체제 채택 집단 22개

① 22개 집단: [1-10위] 6개, 60%; [1-30위] 12개, 40%; [합] 22개, 44%

		순위 (위)				동일인 유형		합
		1-10	11-30	[1-30]	31+	자연인	법인	
대규모 사기업집단	(A, 개)	10	20	[30]	20	40	10	50
지주회사체제 채택 집단	(a, 개)	6	6	[12]	10	21	1	22
적극적인 지주회사체제	(a1)	5	5	[10]	9	18	1	19
소극적인 지주회사체제	(a2)	1	1	[2]	1	3		3
	(a/A, %)	60	30	[40]	50	53	10	44
	(a1/A, %)	50	25	[33]	45	45	10	38

② 22개 집단: 적극적인 지주회사체제 19개 (**), 소극적인 지주회사체제 3개 (*)

순위	그룹		계열회사 (개)	자산총액 (10억 원)	동일인
1	*	삼성	74	331,444	이건희
2		현대자동차	57	180,945	정몽구
3	**	SK	80	145,171	최태원
4	**	LG	61	102,060	구본무
5		롯데	74	91,666	신격호
6		POSCO	46	83,810	㈜POSCO
7		현대중공업	26	58,395	정몽준
8	**	GS	80	58,087	허창수
9	**	농협	32	40,767	농업협동조합중앙회
10	**	한진	48	39,522	조양호
11	*	한화	51	37,063	김승연
12		KT	57	34,974	㈜KT
13	**	두산	22	30,021	박용곤
14		신세계	29	25,243	이명희
15	**	CJ	73	24,121	이재현

순위	그룹		계열회사 (개)	자산총액 (10억 원)	동일인
16	**	LS	51	20,367	구태회
17		대우조선해양	19	18,497	대우조선해양㈜
18		금호아시아나	26	18,261	박삼구
19		동부	64	17,789	김준기
20		대림	22	16,258	이준용
21	**	부영	14	15,665	이중근
22		현대	20	14,113	현정은
23		OCI	26	12,131	이수영
24		S-Oil	2	12,003	S-Oil㈜
25	**	현대백화점	35	11,960	정지선
26		효성	44	11,211	조석래
27		대우건설	16	10,348	㈜대우건설
28		동국제강	16	10,073	장세주
29		영풍	22	9,944	장형진
30		미래에셋	30	9,718	박현주
31	**	코오롱	37	9,400	이웅열
32		한국GM	3	9,061	한국GM㈜
33	**	한진중공업	10	9,025	조남호
34		KCC	9	8,653	정몽진
35	**	한라	21	8,506	정몽원
36		홈플러스	3	7,952	홈플러스㈜
37		KT&G	11	7,950	㈜KT&G
38	**	한국타이어	16	7,782	조양래
39	*	태광	34	7,380	이호진
40	**	대성	76	7,299	김영대
41		현대산업개발	15	7,248	정몽규
42		교보생명보험	13	7,124	신창재
43		코닝정밀소재	2	6,843	코닝정밀소재㈜
44	**	세아	22	6,661	이순형
45		이랜드	24	6,375	박성수

순위	그룹	계열회사 (개)	자산총액 (10억 원)	동일인
46	** 태영	42	6,208	윤세영
47	** 하이트진로	12	5,850	박문덕
48	** 아모레퍼시픽	10	5,458	서경배
49	삼천리	14	5,440	이만득
50	한솔	20	5,261	이인희

출처: 공정거래위원회.

14. 2015년: 24개 재벌

(1) 지주회사체제 채택 24개 재벌

① 적극적인 지주회사체제: 19개 재벌

그룹			지주회사체제			지주회사 체제 달성 비율 (B/A, %)
이름	순위	계열 회사 (A, 개)	지주회사 (a)	계열 회사 (b, 개)	a+b (B, 개)	
SK	3	82			[68]	83
			SK(주)	67	68	
			SK E&S	11	12	
			SK이노베이션	13	14	
LG	4	63	(주)LG	55	56	89
GS	7	79			[38]	48
			(주)GS	37	38	
			GS에너지	18	19	
농협	9	39			[35]	90
			농협경제지주	15	16	
			농협금융지주	18	19	
한진	10	46	한진칼	18	19	41
CJ	15	65			[52]	80
			CJ(주)	49	50	
			케이엑스 홀딩스	12	13	
LS	16	48	(주)LS	24	25	52
부영	20	15			[7]	47
			부영	4	5	
			동광주택산업	1	2	

그룹			지주회사체제			지주회사체제 달성 비율 (B/A, %)
이름	순위	계열 회사 (A, 개)	지주회사 (a)	계열 회사 (b, 개)	a+b (B, 개)	
현대백화점	23	32	현대HC&	11	12	38
코오롱	32	43	코오롱	34	35	81
한진중공업	33	9	한진중공업 홀딩스	8	9	100
한라	34	23	한라홀딩스	15	16	70
한국타이어	35	16	한국타이어 월드와이드	8	9	56
세아	41	21	세아홀딩스	15	16	76
태영	44	44	SBS미디어 홀딩스	15	16	36
아모레퍼시픽	46	12	아모레퍼시픽 그룹	10	11	92
대성	47	73	서울도시개발	23	24	33
하이트진로	48	12	하이트진로 홀딩스	10	11	92
한솔	50	21	한솔홀딩스	10	11	52

② 소극적인 지주회사체제: 5개 재벌

삼성	1	67	삼성종합화학	2	3	4
롯데	5	80	이지스일호	2	3	4
한화	11	52	한화도시개발	5	6	12
대림	19	24	대림에너지	4	5	21
태광	40	32	티브로드	6	7	22

출처: 제4부.

1. 그룹 순위: 1-50위; [①] 3-50위, [②] 1-40위.

2. 지주회사체제 달성 비율: 4-100%; [①] 33-100%, [②] 4-22%.

3. 지주회사체제 편입 계열회사 수: 3-68개; [①] 7-68개, [②] 3-7개.

4. 그룹은 4월, 지주회사는 9월 지정.

5. 그룹 순위: 11개 공기업집단을 제외한 순위.

6. 티브로드 = 2011-2014년 티브로드홀딩스.

7. 1) SK E&S와 SK이노베이션은 SK㈜의 자회사.

   2) GS에너지는 ㈜GS의 자회사.

   3) 케이엑스홀딩스는 CJ㈜의 자회사; a+b [52] - 제4부 '15. CJ그룹' 참조.

   4) 다음은 서로 지분 관계 없음: 농업경제지주와 농업금융지주; 부영과 동광주택산업.

(2) 대규모사기업집단 50개 vs. 지주회사체제 채택 집단 24개

① 24개 집단: [1-10위] 7개, 70%; [1-30위] 13개, 43%; [합] 24개, 48%

		순위 (위)				동일인 유형		합
		1-10	11-30	[1-30]	31+	자연인	법인	
대규모 사기업집단	(A, 개)	10	20	[30]	20	41	9	50
지주회사체제 채택 집단	(a, 개)	7	6	[13]	11	23	1	24
적극적인 지주회사체제	(a1)	5	4	[9]	10	18	1	19
소극적인 지주회사체제	(a2)	2	2	[4]	1	5		5
	(a/A, %)	70	30	[43]	55	56	11	48
	(a1/A, %)	50	20	[30]	50	44	11	38

② 24개 집단: 적극적인 지주회사체제 19개 (**), 소극적인 지주회사체제 5개 (*)

순위	그룹		계열회사 (개)	자산총액 (10억 원)	동일인
1	*	삼성	67	351,533	이건희
2		현대자동차	51	194,093	정몽구
3	**	SK	82	152,388	최태원
4	**	LG	63	105,519	구본무
5	*	롯데	80	93,407	신격호
6		POSCO	51	84,545	㈜POSCO
7	**	GS	79	58,506	허창수
8		현대중공업	27	57,472	정몽준
9	**	농협	39	45,463	농업협동조합중앙회
10	**	한진	46	38,382	조양호
11	*	한화	52	37,954	김승연
12		KT	50	34,503	㈜KT
13		두산	22	33,073	박용곤
14		신세계	29	27,010	이명희
15	**	CJ	65	24,608	이재현

순위	그룹		계열회사 (개)	자산총액 (10억 원)	동일인
16	**	LS	48	20,975	구태회
17		대우조선해양	18	19,964	대우조선해양㈜
18		금호아시아나	26	18,828	박삼구
19	*	대림	24	17,293	이준용
20	**	부영	15	16,805	이중근
21		동부	53	14,627	김준기
22		현대	20	12,566	현정은
23	**	현대백화점	32	12,151	정지선
24		OCI	26	12,007	이수영
25		효성	45	11,190	조석래
26		대우건설	13	10,481	㈜대우건설
27		S-Oil	2	10,338	S-Oil㈜
28		영풍	22	10,311	장형진
29		KCC	9	10,185	정몽진
30		미래에셋	31	9,991	박현주
31		동국제강	14	9,780	장세주
32	**	코오롱	43	9,032	이웅열
33	**	한진중공업	9	8,908	조남호
34	**	한라	23	8,554	정몽원
35	**	한국타이어	16	8,450	조양래
36		KT&G	10	8,378	㈜KT&G
37		한국GM	2	8,212	한국GM㈜
38		홈플러스	4	8,089	홈플러스㈜
39		교보생명보험	13	7,919	신창재
40	*	태광	32	7,329	이호진
41	**	세아	21	6,801	이순형
42		현대산업개발	16	6,686	정몽규
43		이랜드	25	6,657	박성수
44	**	태영	44	6,379	윤세영
45		삼천리	15	6,014	이만득

순위	그룹	계열회사 (개)	자산총액 (10억 원)	동일인
46	** 아모레퍼시픽	12	5,959	서경배
47	** 대성	73	5,918	김영대
48	** 하이트진로	12	5,718	박문덕
49	중흥건설	43	5,565	정창선
50	** 한솔	21	5,269	이인희

출처: 공정거래위원회.

15. 2016년: 13개 재벌

(1) 지주회사체제 채택 13개 재벌

① 적극적인 지주회사체제: 8개 재벌

그룹			지주회사체제			지주회사체제 달성 비율 (B/A, %)
이름	순위	계열회사 (A, 개)	지주회사 (a)	계열회사 (b, 개)	a+b (B, 개)	
SK	3	86			[68]	79
			SK㈜	67	68	
			SK E&S	11	12	
			SK이노베이션	13	14	
LG	4	67	㈜LG	57	58	87
GS	7	69			[40]	58
			㈜GS	39	40	
			GS에너지	18	19	
농협	10	45			[38]	84
			농협경제지주	19	20	
			농협금융지주	17	18	
한진	11	38	한진칼	29	30	79
CJ	15	62			[57]	92
			CJ㈜	52	53	
			케이엑스 홀딩스	13	14	
부영	16	18			[8]	44
			부영	5	6	
			동광주택산업	1	2	
LS	17	45	㈜LS	23	24	53

② 소극적인 지주회사체제: 5개 재벌

그룹			지주회사체제			지주회사 체제 달성 비율 (B/A, %)
이름	순위	계열 회사 (A, 개)	지주회사 (a)	계열 회사 (b, 개)	a+b (B, 개)	
삼성	1	59	삼성 바이오로직스	1	2	3
롯데	5	93	이지스일호	2	3	3
한화	8	57			[10]	18
			한화도시개발	6	7	
			한화종합화학	2	3	
신세계	14	34	신세계프라퍼티	2	3	9
대림	19	28	대림에너지	4	5	18

출처: 제4부.

1. 그룹 순위: 1-19위; [①] 3-17위, [②] 1-19위.

2. 지주회사체제 달성 비율: 3-92%; [①] 44-92%, [②] 3-18%.

3. 지주회사체제 편입 계열회사 수: 2-68개; [①] 8-68개, [②] 2-10개.

4. 그룹과 지주회사는 9월 지정.

5. 그룹: 28개 사기업집단만 지정.

6. 1) SK E&S와 SK이노베이션은 SK㈜의 자회사.

   2) GS에너지는 ㈜GS의 자회사.

   3) 케이엑스홀딩스는 CJ㈜의 자회사; a+b [57] - 제4부 '15. CJ그룹' 참조.

4) 다음은 서로 지분 관계 없음: 농업경제지주와 농업금융지
주; 부영과 동광주택산업; 한화도시개발과 한화종합화학.

(2) 대규모사기업집단 28개 vs. 지주회사체제 채택 집단 13개

① 13개 집단: [1-10위] 7개, 70%; [1-30위] 13개, 46%; [합] 13개, 46%

		순위 (위)				동일인 유형		합
		1-10	11-30	[1-30]	31+	자연인	법인	
대규모 사기업집단	(A, 개)	10	18	[28]		22	6	28
지주회사체제 채택 집단	(a, 개)	7	6	[13]		12	1	13
적극적인 지주회사체제	(a1)	4	4	[8]		7	1	8
소극적인 지주회사체제	(a2)	3	2	[5]		5		5
	(a/A, %)	70	33	[46]		55	17	46
	(a1/A, %)	40	22	[29]		32	17	29

② 13개 집단: 적극적인 지주회사체제 8개 (**), 소극적인 지주회사체제 5개 (*)

순위	그룹	계열회사 (개)	자산총액 (10억 원)	동일인
1	* 삼성	59	348,226	이건희
2	현대자동차	51	209,694	정몽구
3	** SK	86	160,848	최태원
4	** LG	67	105,849	구본무
5	* 롯데	93	103,284	신격호
6	POSCO	45	80,233	㈜POSCO
7	** GS	69	60,294	허창수
8	* 한화	57	54,697	김승연
9	현대중공업	26	53,497	정몽준
10	** 농협	45	50,104	농업협동조합중앙회
11	** 한진	38	37,025	조양호
12	두산	25	32,383	박용곤
13	KT	40	31,315	㈜KT
14	* 신세계	34	29,165	이명희
15	** CJ	62	24,763	이재현
16	** 부영	18	20,434	이중근
17	** LS	45	20,230	구태회
18	대우조선해양	14	19,227	대우조선해양㈜
19	* 대림	28	18,829	이준용
20	금호아시아나	24	15,246	박삼구
21	현대백화점	35	12,777	정지선
22	현대	21	12,282	현정은
23	OCI	22	11,590	이수영
24	효성	45	11,546	조석래
25	미래에셋	28	10,944	박현주
26	S-Oil	2	10,893	S-Oil㈜
27	대우건설	16	10,691	㈜대우건설
28	영풍	23	10,561	장형진

출처: 공정거래위원회.

16. 2017년: 29개 재벌

(1) 지주회사체제 채택 29개 재벌

① 적극적인 지주회사체제: 22개 재벌

그룹			지주회사체제			지주회사 체제 달성 비율 (B/A, %)
이름	순위	계열회사 (A, 개)	지주회사 (a)	계열회사 (b, 개)	a+b (B, 개)	
SK	3	96			[76]	79
			SK㈜	75	76	
			SK E&S	11	12	
			SK이노베이션	14	15	
LG	4	68	㈜LG	60	61	90
GS	7	69			[40]	58
			㈜GS	39	40	
			GS에너지	16	17	
한화	8	61			[18]	30
			한화도시개발	7	8	
			한화종합화학	7	8	
			한화지상방산	1	2	
현대중공업	9	29	현대로보틱스	23	24	83
농협	10	81			[42]	52
			농협경제지주	20	21	
			농협금융지주	20	21	
한진	14	34	한진칼	28	29	85

그룹			지주회사체제			지주회사체제 달성 비율 (B/A, %)
이름	순위	계열회사 (A, 개)	지주회사 (a)	계열회사 (b, 개)	a+b (B, 개)	
CJ	15	70			[69]	99
			CJ㈜	64	65	
			케이엑스홀딩스	11	12	
부영	16	22			[12]	55
			부영	9	10	
			동광주택산업	1	2	
LS	17	45	㈜LS	22	23	51
하림	30	58			[44]	76
			제일홀딩스	43	44	
			하림홀딩스	20	21	
코오롱	32	40	코오롱	35	36	90
한국타이어	33	17	한국타이어월드와이드	8	9	53
동원	37	30	동원엔터프라이즈	20	21	70
한라	38	19	한라홀딩스	20	21	111
세아	39	21	세아홀딩스	15	16	76
태영	40	47	SBS미디어홀딩스	13	14	30
아모레퍼시픽	43	12	아모레퍼시픽그룹	11	12	100
셀트리온	49	11	셀트리온홀딩스	5	6	55
한진중공업	52	8	한진중공업홀딩스	8	9	113
하이트진로	55	12	하이트진로홀딩스	10	11	92

그룹			지주회사체제			지주회사 체제 달성 비율 (B/A, %)
이름	순위	계열회사 (A, 개)	지주회사 (a)	계열회사 (b, 개)	a+b (B, 개)	
한솔	57	20	한솔홀딩스	17	18	90

② 소극적인 지주회사체제: 7개 재벌

그룹			지주회사체제			지주회사 체제 달성 비율 (B/A, %)
삼성	1	62	삼성 바이오로직스	1	2	3
신세계	11	37	신세계프라퍼티	3	4	11
대림	18	26	대림에너지	4	5	19
효성	25	46	에이에스씨	2	3	7
SM	46	61			[15]	25
			삼라마이다스	4	5	
			에스엠티케미칼	3	4	
			케이엘홀딩스	6	7	
네이버	51	71	휴맥스홀딩스	9	10	14
넥슨	56	22	와이즈키즈	1	2	9

출처: 제4부.

1. 그룹 순위: 1-57위; [①] 3-57위, [②] 1-56위.

2. 지주회사체제 달성 비율: 3-113%; [①] 30-113%, [②] 3-25%.

3. 지주회사체제 편입 계열회사 수: 2-76개; [①] 6-76개, [②] 2-15개.

4. 그룹과 지주회사는 9월 지정.

5. 한국투자금융그룹(28위)은 분석에서 제외: 금융지주회사 1개 (한국투자금융지주) 보유.

6. 1) SK E&S와 SK이노베이션은 SK㈜의 자회사.

   2) GS에너지는 ㈜GS의 자회사.

   3) 케이엑스홀딩스는 CJ㈜의 자회사; a+b [69] - 제4부 '15. CJ그룹' 참조.

   4) 하림홀딩스는 제일홀딩스의 자회사.

   5) 케이엘홀딩스는 에스엠티케미칼의 손자회사, 케이엘홀딩스의 계열회사는 에스엠티케미칼의 계열회사 아님; 삼라마이다스와 에스엠티케미칼은 서로 지분 관계 없음.

   6) 다음은 서로 지분 관계 없음: 한화도시개발, 한화종합화학 및 한화지상방산; 농업경제지주와 농업금융지주; 부영과 동광주택산업.

(2) 대규모사기업집단 56개 vs. 지주회사체제 채택 집단 29개

① 29개 집단: [1-10위] 7개, 70%; [1-30위] 15개, 50%; [합] 29개, 52%

		순위 (위)				동일인 유형		합
		1-10	11-30	[1-30]	31+	자연인	법인	
대규모 사기업집단	(A, 개)	10	20	[30]	26	48	8	56
지주회사체제 채택 집단	(a, 개)	7	8	[15]	14	28	1	29
적극적인 지주회사체제	(a1)	6	5	[11]	11	21	1	22
소극적인 지주회사체제	(a2)	1	3	[4]	3	7		7
	(a/A, %)	70	40	[50]	54	58	13	52
	(a1/A, %)	60	25	[37]	42	44	13	39

② 29개 집단: 적극적인 지주회사체제 22개 (**), 소극적인 지주회사체제 7개 (*)

순위	그룹		계열회사 (개)	자산총액 (10억 원)	동일인
1	*	삼성	62	363,218	이건희
2		현대자동차	53	218,625	정몽구
3	**	SK	96	170,697	최태원
4	**	LG	68	112,326	구본무
5		롯데	90	110,820	신격호
6		POSCO	38	78,175	㈜POSCO
7	**	GS	69	62,005	허창수
8	**	한화	61	58,539	김승연
9	**	현대중공업	29	54,347	정몽준
10	**	농협	81	50,806	농업협동조합중앙회
11	*	신세계	37	32,294	이명희
12		KT	38	32,073	㈜KT
13		두산	26	30,442	박용곤
14	**	한진	34	29,114	조양호
15	**	CJ	70	27,794	이재현

순위	그룹	계열회사 (개)	자산총액 (10억 원)	동일인
16	** 부영	22	21,713	이중근
17	** LS	45	20,683	구태회
18	* 대림	26	18,401	이준용
19	금호아시아나	28	15,615	박삼구
20	대우조선해양	14	15,276	대우조선해양㈜
21	미래에셋	41	15,182	박현주
22	S-Oil	2	14,048	S-Oil㈜
23	현대백화점	29	13,371	정지선
24	OCI	22	11,803	이수영
25	* 효성	46	11,475	조석래
26	영풍	23	10,963	장형진
27	KT&G	9	10,756	㈜KT&G
28	(한국투자금융)	28	10,736	김남구
29	대우건설	14	10,720	㈜대우건설
30	** 하림	58	10,505	김홍국
31	KCC	7	10,466	정몽진
32	** 코오롱	40	9,643	이웅열
33	** 한국타이어	17	8,948	조양래
34	교보생명보험	14	8,875	신창재
35	중흥건설	62	8,479	정창선
36	동부	23	8,266	김준기
37	** 동원	30	8,224	김재철
38	** 한라	19	8,176	정몽원
39	** 세아	21	8,109	이순형
40	** 태영	47	7,728	윤세영
41	한국GM	2	7,545	한국GM㈜
42	이랜드	29	7,536	박성수
43	** 아모레퍼시픽	12	7,460	서경배
44	태광	26	7,392	이호진
45	동국제강	9	7,053	장세주

순위	그룹		계열회사 (개)	자산총액 (10억 원)	동일인
46	*	SM	61	7,032	우오현
47		호반건설	48	7,001	김상열
48		현대산업개발	19	6,880	정몽규
49	**	셀트리온	11	6,764	서정진
50		카카오	63	6,752	김범수
51	*	네이버	71	6,614	이해진
52	**	한진중공업	8	6,579	조남호
53		삼천리	17	5,999	이만득
54		금호석유화학	11	5,683	박찬구
55	**	하이트진로	12	5,544	박문덕
56	*	넥슨	22	5,538	김정주
57	**	한솔	20	5,327	이인희

출처: 공정거래위원회.

17. 2018년: 27개 재벌

(1) 지주회사체제 채택 27개 재벌

① 적극적인 지주회사체제: 23개 재벌

그룹			지주회사체제			지주회사 체제 달성 비율 (B/A, %)
이름	순위	계열 회사 (A, 개)	지주회사 (a)	계열 회사 (b, 개)	a+b (B, 개)	
SK	3	101			[94]	93
			SK㈜	84	85	
			SK이노베이션	13	14	
			SK디스커버리	8	9	
LG	4	70	㈜LG	65	66	94
롯데	5	107	롯데지주	47	48	45
GS	7	71			[41]	58
			㈜GS	40	41	
			GS에너지	15	16	
한화	8	76			[23]	30
			한화도시개발	7	8	
			한화종합화학	12	13	
			한화지상방산	1	2	
농협	9	49	농협금융지주	18	19	39
현대중공업	10	28	현대중공업지주	21	22	79
한진	14	28	한진칼	26	27	96
CJ	15	80			[74]	93
			CJ㈜	72	73	
			영우냉동식품	10	11	
부영	16	24	부영	11	12	50

그룹			지주회사체제			지주회사체제 달성 비율 (B/A, %)
이름	순위	계열회사 (A, 개)	지주회사 (a)	계열회사 (b, 개)	a+b (B, 개)	지주회사체제 달성 비율 (B/A, %)
LS	17	48			[36]	75
			㈜LS	25	26	
			예스코홀딩스	9	10	
코오롱	31	39	코오롱	35	36	92
하림	32	58	제일홀딩스	48	49	84
한국타이어	35	17	한국타이어월드와이드	10	11	65
셀트리온	38	9	셀트리온홀딩스	4	5	56
세아	40	21			[19]	90
			세아홀딩스	13	14	
			세아제강지주	4	5	
한라	41	19	한라홀딩스	18	19	100
동원	45	22	동원엔터프라이즈	18	19	86
태영	47	48	SBS미디어홀딩스	17	18	38
아모레퍼시픽	48	12	아모레퍼시픽그룹	11	12	100
한진중공업	56	7	한진중공업홀딩스	6	7	100
하이트진로	58	12	하이트진로홀딩스	10	11	92
한솔	60	19	한솔홀딩스	15	16	84

② 소극적인 지주회사체제: 4개 재벌

그룹			지주회사체제			지주회사체제 달성 비율 (B/A, %)
이름	순위	계열회사 (A, 개)	지주회사 (a)	계열회사 (b, 개)	a+b (B, 개)	
삼성	1	62	삼성바이오로직스	1	2	3
신세계	11	39	신세계프라퍼티	4	5	13
대림	18	27	대림에너지	4	5	19
효성	26	52	에이에스씨	2	3	6

출처: 제4부.

1. 그룹 순위: 1-60위; [①] 3-60위, [②] 1-26위.

2. 지주회사체제 달성 비율: 3-100%; [①] 30-100%, [②] 3-19%.

3. 지주회사체제 편입 계열회사 수: 5-94개; [①] 5-94개, [②] 2-5개.

4. 그룹은 5월, 지주회사는 9월 지정.

5. 한국투자금융그룹(24위)과 메리츠금융그룹(51위)은 분석에서 제외: 금융지주회사 1개씩(한국투자금융지주, 메리츠금융지주) 보유.

6. 1) SK이노베이션은 SK㈜의 자회사; SK㈜와 SK디스커버리는 서로 지분 관계 없음.

   2) GS에너지는 ㈜GS의 자회사.

3) 영우냉동식품은 CJ㈜의 손자회사, 영우냉동식품의 계열회
   사는 CJ㈜ 계열회사 아님; 자료에는 지주회사체제 편입
   계열회사가 '74개'로 되어 있음.
4) 다음은 서로 지분 관계 없음: 한화도시개발, 한화종합화학
   및 한화지상방산; ㈜LS와 예스코홀딩스; 세아홀딩스와 세
   아제강지주.

(2) 대규모사기업집단 58개 vs. 지주회사체제 채택 집단 27개

① 27개 집단: [1-10위] 8개, 80%; [1-30위] 15개, 50%; [합] 27개, 47%

		순위 (위)				동일인 유형		합
		1-10	11-30	[1-30]	31+	자연인	법인	
대규모 사기업집단	(A, 개)	10	20	[30]	28	50	8	58
지주회사체제 채택 집단	(a, 개)	8	7	[15]	12	26	1	27
적극적인 지주회사체제	(a1)	7	4	[11]	12	22	1	23
소극적인 지주회사체제	(a2)	1	3	[4]		4		4
	(a/A, %)	80	35	[50]	43	52	13	47
	(a1/A, %)	70	20	[37]	43	44	13	40

② 27개 집단: 적극적인 지주회사체제 23개 (**), 소극적인 지주회사체제 4개 (*)

순위	그룹	계열회사 (개)	자산총액 (10억 원)	동일인
1	* 삼성	62	399,479	이재용
2	현대자동차	56	222,654	정몽구
3	** SK	101	189,531	최태원
4	** LG	70	123,135	구본무
5	** 롯데	107	116,188	신동빈
6	POSCO	40	79,709	㈜POSCO
7	** GS	71	65,036	허창수
8	** 한화	76	61,319	김승연
9	** 농협	49	58,089	농업협동조합중앙회
10	** 현대중공업	28	56,055	정몽준
11	* 신세계	39	34,090	이명희
12	KT	36	30,736	㈜KT
13	두산	26	30,518	박용곤
14	** 한진	28	30,307	조양호
15	** CJ	80	28,310	이재현
16	** 부영	24	22,440	이중근
17	** LS	48	21,048	구자홍
18	* 대림	27	18,644	이준용
19	S-Oil	3	15,240	S-Oil㈜
20	미래에셋	38	14,996	박현주
21	현대백화점	28	14,315	정지선
22	영풍	24	12,259	장형진
23	대우조선해양	5	12,194	대우조선해양㈜
24	(한국투자금융)	30	11,963	김남구
25	금호아시아나	26	11,885	박삼구
26	* 효성	52	11,656	조석래
27	OCI	21	11,323	이우현
28	KT&G	9	11,045	㈜KT&G
29	KCC	17	10,969	정몽진
30	교보생명보험	14	10,901	신창재

순위	그룹		계열회사 (개)	자산총액 (10억 원)	동일인
31	**	코오롱	39	10,841	이웅열
32	**	하림	58	10,515	김홍국
33		대우건설	15	9,671	㈜대우건설
34		중흥건설	61	9,598	정창선
35	**	한국타이어	17	9,139	조양래
36		태광	25	8,691	이호진
37		SM	65	8,616	우오현
38	**	셀트리온	9	8,572	서정진
39		카카오	72	8,540	김범수
40	**	세아	21	8,469	이순형
41	**	한라	19	8,293	정몽원
42		이랜드	30	8,250	박성수
43		DB	20	8,010	김준기
44		호반건설	42	7,988	김상열
45	**	동원	22	7,982	김재철
46		현대산업개발	23	7,981	정몽규
47	**	태영	48	7,869	윤세영
48	**	아모레퍼시픽	12	7,725	서경배
49		네이버	45	7,144	이해진
50		동국제강	10	6,963	장세주
51		(메리츠금융)	8	6,932	조정호
52		넥슨	22	6,721	김정주
53		삼천리	17	6,471	이만득
54		한국GM	2	6,455	한국GM㈜
55		금호석유화학	11	5,756	박찬구
56	**	한진중공업	7	5,705	조남호
57		넷마블	26	5,662	방준혁
58	**	하이트진로	12	5,639	박문덕
59		유진	71	5,328	유경선
60	**	한솔	19	5,099	이인희

출처: 공정거래위원회.

18. 2019년: 27개 재벌

(1) 지주회사체제 채택 27개 재벌

① 적극적인 지주회사체제: 24개 재벌

그룹			지주회사체제			지주회사 체제 달성 비율 (B/A, %)
이름	순위	계열 회사 (A, 개)	지주회사 (a)	계열 회사 (b, 개)	a+b (B, 개)	
SK	3	111			[98]	88
			SK㈜	82	83	
			SK이노베이션	11	12	
			라이프앤시큐리티홀딩스	3	4	
			SK디스커버리	14	15	
LG	4	75	㈜LG	72	73	97
롯데	5	95	롯데지주	62	63	66
GS	8	64			[38]	59
			㈜GS	37	38	
			GS에너지	11	12	
농협	9	44	농협금융지주	16	17	39
현대중공업	10	31			[22]	71
			현대중공업지주	21	22	
			한국조선해양	14	15	
한진	13	32	한진칼	25	26	81
CJ	14	75	CJ㈜	70	71	95
부영	16	24			[14]	58
			부영	11	12	
			동광주택산업	1	2	

그룹			지주회사체제			지주회사 체제 달성 비율 (B/A, %)
이름	순위	계열 회사 (A, 개)	지주회사 (a)	계열 회사 (b, 개)	a+b (B, 개)	
LS	17	53			[40]	75
			㈜LS	29	30	
			LSA홀딩스	1	2	
			예스코홀딩스	9	10	
현대백화점	21	28	현대홈쇼핑	10	11	39
효성	22	57			[37]	65
			효성	33	34	
			에스에스씨	2	3	
하림	26	53	하림지주	45	46	87
코오롱	30	41	코오롱	34	35	85
HDC	33	23	HDC㈜	19	20	83
한국타이어	38	25	한국 테크놀로지그룹	12	13	52
세아	39	24			[20]	83
			세아홀딩스	13	14	
			세아제강지주	5	6	
셀트리온	42	10	셀트리온홀딩스	4	5	50
태영	46	53	SBS미디어 홀딩스	20	21	40
동원	48	24	동원 엔터프라이즈	22	23	96
한라	49	15	한라홀딩스	14	15	100
아모레퍼시픽	50	13	아모레퍼시픽 그룹	12	13	100
하이트진로	56	17	하이트진로 홀딩스	10	11	65

그룹			지주회사체제			지주회사체제 달성 비율 (B/A, %)
이름	순위	계열회사 (A, 개)	지주회사 (a)	계열회사 (b, 개)	a+b (B, 개)	
애경	58	40	AK홀딩스	25	26	65

② 소극적인 지주회사체제: 3개 재벌

이름	순위	계열회사	지주회사	계열회사	a+b	달성비율
한화	7	75			[14]	19
			한화도시개발	7	8	
			한화종합화학	5	6	
신세계	11	40	신세계프라퍼티	6	7	18
대림	18	26	대림에너지	4	5	19

출처: 제4부.

1. 그룹 순위: 3-58위; [①] 3-58위, [②] 7-18위.

2. 지주회사체제 달성 비율: 18-100%; [①] 39-100%, [②] 18-19%.

3. 지주회사체제 편입 계열회사 수: 5-98개; [①] 5-98개, [②] 5-14개.

4. 그룹은 5월, 지주회사는 9월 지정.

5. 한국투자금융그룹(23위)은 분석에서 제외: 금융지주회사 1개 (한국투자금융지주) 보유.

6. 1) SK이노베이션은 SK㈜의 자회사; 라이프앤시큐리티홀딩스는 SK㈜의 손자회사; SK㈜와 SK디스커버리는 서로 지분 관계 없음.

   2) GS에너지는 ㈜GS의 자회사.

3) 한국조선해양은 현대중공업지주의 자회사.

4) LSA홀딩스는 ㈜LS의 손자회사; ㈜LS와 예스코홀딩스는 서로 지분 관계 없음.

5) 다음은 서로 지분 관계 없음: 부영과 동광주택산업; 효성과 에스에스씨; 세아홀딩스와 세아제강지주; 한화도시개발과 한화종합화학.

7. 지주회사 계열회사: 2020년 2월 29일 현재, '2019년 지주회사 현황' 통계 자료(9월 지정) 없음, '소유지분도'(5월 현재)를 기준으로 함, 소유지분도에서 확인 가능하지 않은 5개 그룹(SK, 롯데, 현대중공업, 코오롱, HDC)은 '2019년 지주회사 분석 자료'를 기준으로 함.

(2) 대규모사기업집단 58개 vs. 지주회사체제 채택 집단 27개

① 27개 집단: [1-10위] 7개, 70%; [1-30위] 17개, 57%; [합] 27개, 47%

		집단 순위 (위)				동일인 유형		합
		1-10	11-30	[1-30]	31+	자연인	법인	
대규모기업집단	(A, 개)	10	20	[30]	28	50	8	58
지주회사체제 채택 집단	(a, 개)	7	10	[17]	10	26	1	27
적극적인 지주회사체제	(a1)	6	8	[14]	10	23	1	24
소극적인 지주회사체제	(a2)	1	2	[3]		3		3
	(a/A, %)	70	50	[57]	36	52	13	47
	(a1/A, %)	60	40	[47]	36	46	13	41

② 27개 집단: 적극적인 지주회사체제 24개 (**), 소극적인 지주회사체제 3개 (*)

순위		그룹	계열회사 (개)	자산총액 (10억 원)	동일인
1		삼성	62	414,547	이재용
2		현대자동차	53	223,493	정몽구
3	**	SK	111	218,013	최태원
4	**	LG	75	129,616	구광모
5	**	롯데	95	115,339	신동빈
6		POSCO	35	78,307	㈜POSCO
7	*	한화	75	65,636	김승연
8	**	GS	64	62,913	허창수
9	**	농협	44	59,176	농업협동조합중앙회
10	**	현대중공업	31	54,808	정몽준
11	*	신세계	40	36,374	이명희
12		KT	43	33,971	㈜KT
13	**	한진	32	31,730	조원태
14	**	CJ	75	31,136	이재현
15		두산	23	28,456	박정원
16	**	부영	24	22,848	이중근
17	**	LS	53	22,644	구자홍
18	*	대림	26	17,991	이준용
19		미래에셋	38	16,890	박현주
20		S-Oil	3	16,332	S-Oil㈜
21	**	현대백화점	28	15,305	정지선
22	**	효성	57	13,472	조석래
23		(한국투자금융)	30	13,322	김남구
24		대우조선해양	5	12,868	대우조선해양㈜
25		영풍	24	11,975	장형진
26	**	하림	53	11,850	김홍국
27		교보생명보험	14	11,663	신창재
28		금호아시아나	27	11,435	박삼구
29		KT&G	11	11,203	㈜KT&G
30	**	코오롱	41	10,710	이웅열

순위	그룹	계열회사 (개)	자산총액 (10억 원)	동일인
31	OCI	19	10,655	이우현
32	카카오	71	10,603	김범수
33	** HDC	24	10,597	정몽규
34	KCC	15	10,425	정몽진
35	SM	65	9,829	우오현
36	대우건설	14	9,629	㈜대우건설
37	중흥건설	34	9,525	정창선
38	** 한국타이어	25	9,508	조양래
39	** 세아	24	9,418	이순형
40	태광	23	9,298	이호진
41	이랜드	29	9,280	박성수
42	** 셀트리온	10	8,833	서정진
43	DB	20	8,663	김준기
44	호반건설	33	8,472	김상열
45	네이버	42	8,266	이해진
46	** 태영	53	8,256	윤세영
47	넥슨	21	7,900	김정주
48	** 동원	24	7,815	김재철
49	** 한라	15	7,681	정몽원
50	** 아모레퍼시픽	13	7,647	서경배
51	삼천리	20	6,785	이만득
52	한국GM	3	6,560	한국GM㈜
53	동국제강	12	6,524	장세주
54	유진	54	6,323	유경선
55	금호석유화학	11	5,832	박찬구
56	** 하이트진로	17	5,603	박문덕
57	넷마블	23	5,500	방준혁
58	** 애경	40	5,160	장영신
59	다우키움	57	5,042	김익래

출처: 공정거래위원회.

제4부

한국재벌과 지주회사체제, 2000-2019년: 44개 재벌별 현황

⟨표 4.1⟩ 지주회사체제를 채택한 44개 재벌, 2001-2019년

(1) '가나다' 순 ① (* 소극적인 지주회사체제)

ㄱ	금호아시아나			
ㄴ	농심	농협	네이버*	넥슨*
ㄷ	동부*	동원	두산	대림*
	대성	대한전선*		
ㄹ	롯데			
ㅂ	부영			
ㅅ	삼성*	CJ	신세계*	세아
	셀트리온			
ㅇ	아모레퍼시픽	오리온	웅진	애경
	SM*	SK	STX	HDC
	LS	LG		
ㅈ	GS			
ㅋ	코오롱			
ㅌ	태광*	태영		
ㅎ	하림	하이트진로	한국타이어	한라
	한솔	한진	한진중공업	한화*
	현대백화점	현대자동차*	현대중공업	효성

(2) '가나다' 순 ② (* 소극적인 지주회사체제)

	그룹	지주회사체제 채택 연도 (년)	지주회사체제 채택 연도 수 (년)
ㄱ	금호아시아나	2007-2008	2
ㄴ	농심	2003-2007	5
	농협	2012-2019	8
	네이버*	2017	1
	넥슨*	2017	1
ㄷ	동부*	2011-2012	2
	동원	(2003-2004), 2017-2019	3
	두산	2009-2014	6
	대림*	2015-2019	5
	대성	2011-2015	5
	대한전선*	2008-2011	4
ㄹ	롯데	(2005-2006), (2015-2016), 2018-2019	2
ㅂ	부영	2010-2019	10
ㅅ	삼성*	2004-2018	15
	CJ	2007-2019	13
	신세계*	2016-2019	4
	세아	2004-2007, 2009-2015, 2017-2019	14
	셀트리온	2017-2019	3
ㅇ	아모레퍼시픽	(2007), 2013-2015, 2017-2019	6
	오리온	2007	1
	웅진	2009-2013	5
	애경	2019	1

	그룹	지주회사체제 채택 연도 (년)	지주회사체제 채택 연도 수 (년)
	SM*	2017	1
	SK	2001, 2003-2019	18
	STX	2005	1
	HDC	2019	1
	LS	2008-2019	12
	LG	2001, 2003-2019	18
ㅈ	GS	2005-2019	15
ㅋ	코오롱	2010-2015, 2017-2019	9
ㅌ	태광*	2011-2015	5
	태영	2012-2015, 2017-2019	7
ㅎ	하림	2017-2019	3
	하이트진로	2010-2015, 2017-2019	9
	한국타이어	2014-2015, 2017-2019	5
	한라	2014-2015, 2017-2019	5
	한솔	2015, 2017-2018	3
	한진	2010-2019	10
	한진중공업	2007-2015, 2017-2018	11
	한화*	2005-2019	15
	현대백화점	2006-2015, 2019	11
	현대자동차*	2007	1
	현대중공업	2017-2019	3
	효성	2017-2019	3

(3) '지주회사체제 채택 연도 수' 순 (* 소극적인 지주회사체제)

연도 수 (년)	재벌 수 (개)	그룹	지주회사체제 채택 연도 (년)
18	2	SK	2001, 2003-2019
		LG	2001, 2003-2019
15	3	삼성*	2004-2018
		GS	2005-2019
		한화*	2005-2019
14	1	세아	2004-2007, 2009-2015, 2017-2019
13	1	CJ	2007-2019
12	1	LS	2008-2019
11	2	한진중공업	2007-2015, 2017-2018
		현대백화점	2006-2015, 2019
10	2	부영	2010-2019
		한진	2010-2019
9	2	코오롱	2010-2015, 2017-2019
		하이트진로	2010-2015, 2017-2019
8	1	농협	2012-2019
7	1	태영	2012-2015, 2017-2019
6	2	두산	2009-2014
		아모레퍼시픽	(2007), 2013-2015, 2017-2019
5	7	농심	2003-2007
		대림*	2015-2019
		대성	2011-2015
		웅진	2009-2013

연도 수 (년)	재벌 수 (개)	그룹	지주회사체제 채택 연도 (년)
		태광*	2011-2015
		한국타이어	2014-2015, 2017-2019
		한라	2014-2015, 2017-2019
4	2	대한전선*	2008-2011
		신세계*	2016-2019
3	6	동원	(2003-2004), 2017-2019
		셀트리온	2017-2019
		하림	2017-2019
		한솔	2015, 2017-2018
		현대중공업	2017-2019
		효성	2017-2019
2	3	금호아시아나	2007-2008
		동부*	2011-2012
		롯데	(2005-2006), (2015-2016), 2018-2019
1	8	네이버*	2017
		넥슨*	2017
		오리온	2007
		애경	2019
		SM*	2017
		STX	2005
		HDC	2019
		현대자동차*	2007

출처: 제4부.

1. 44개 재벌: 적극적인 지주회사체제 채택 재벌 33개, 소극적인 지주회사체제 채택 재벌 11개(*).

2. 1) 재벌/그룹: 2001-2019년만 고려함; 2001-2015년 4월, 2016-2017년 9월, 2018-2019년 5월 지정.
    2) 지주회사: 2001·2003년 7월, 2004년 5월, 2005-2007년 8월, 2008-2019년 9월 지정; 2000·2002년 자료 없음.

3. 지주회사체제 채택 연도 및 연도 수: 공정거래위원회 자료가 발표된 18개 연도를 기준으로 함 (2001, 2003-2019년); 다른 3개 연도의 지주회사체제 채택 재벌은 1999년 0개, 2000년 1개(SK), 2002년 2개(SK, LG)임.

4. 지주회사체제 채택 연도: '공정거래법상 대규모기업집단'으로서 '공정거래법상 일반지주회사'를 보유한 연도임.
    1) 현대백화점: 2006-2015년에 1개 지주회사(㈜HC& → 현대HC&)가 있었으며, 2019년에 1개 지주회사(현대홈쇼핑)가 새로 지정됨, 지주회사체제 시작 연도를 2006년으로 함.
    2) 아모레퍼시픽: 지주회사(태평양 → 아모레퍼시픽그룹)는 2007년에 지정되었으며, 그룹은 2007-2008, 2013-2015, 2017-2019년에 대규모기업집단으로 지정됨, 지주회사체제 시작 연도를 2013년으로 함.

3) 동원: 지주회사(동원엔터프라이즈)는 2001년에 지정되었으며, 그룹은 2002-2004, 2017-2019년에 대규모기업집단으로 지정됨, 지주회사체제 시작 연도를 2017년으로 함.

4) 롯데: 2005-2006년, 2015-2016년에 각각 2개(롯데물산, 롯데산업), 1개(이지스일호) 지주회사가 있었으며, 2018년에 1개 지주회사(롯데지주)가 새로 지정됨, 지주회사체제 시작 연도를 2018년으로 함.

1. 금호아시아나그룹: 2007-2008년

| 연도 | 그룹 | | 지주회사체제 | | | 지주회사 체제 달성 비율 (B/A, %) |
	순위	계열 회사 (A, 개)	지주회사 (a)	계열 회사 (b, 개)	a+b (B, 개)	
2007	9	38	금호산업	21	22	58
2008	10	52	금호산업	22	23	44

출처: 공정거래위원회.

1. 지주회사체제

1) 연도: 2007-2008년.

2) 연도 수: 2년.

3) 유형: 적극적인 지주회사체제 (지주회사체제 달성 비율
   30% 이상; 44-58%).

4) 지주회사체제 편입 계열회사 수: 22-23개.

5) 그룹 순위: 9-10위.

2. 그룹 [금호아시아나]

1) 이름: 금호 (2001-2003년), 금호아시아나 (2004-2019년).

2) 대규모집단 지정: 2001-2019년.

3. 지주회사 [금호산업]

　　1) 지주회사 지정: 2007-2008년; 지주회사 전환·지정 2007
　　　 년 1월, 제외 2009년 6월.

　　2) 계열회사: [2007년] 21개 (자회사 11개 + 손자회사 10
　　　 개), [2008년] 22개 (8+14).

2. 농심그룹: 2003-2007년

| 연도 | 그룹 | | 지주회사체제 | | | 지주회사 |
	순위	계열회사 (A, 개)	지주회사 (a)	계열회사 (b, 개)	a+b (B, 개)	체제 달성 비율 (B/A, %)
2003	42	10	농심홀딩스	4	5	50
2004	39	12	농심홀딩스	6	7	58
2005	43	12	농심홀딩스	6	7	58
2006	44	12	농심홀딩스	6	7	58
2007	46	15	농심홀딩스	6	7	47

출처: 공정거래위원회.

1. 지주회사체제

　　1) 연도: 2003-2007년.

　　2) 연도 수: 5년.

　　3) 유형: 적극적인 지주회사체제 (지주회사체제 달성 비율 30% 이상; 47-58%).

　　4) 지주회사체제 편입 계열회사 수: 5-7개.

　　5) 그룹 순위: 39-46위.

2. 그룹 [농심]

　　대규모집단 지정: 2003-2008년.

3. 지주회사 [농심홀딩스]

  1) 지주회사 지정: 2003-2019년; 지주회사 설립·지정 2003
     년 7월.

  2) 계열회사: [2003-2007년] 4-6개 (자회사).

4. 2008년의 경우, 그룹은 대규모집단으로 지정되고 지주회사는
   존속하였지만 자료에는 농심홀딩스가 농심그룹 소속이 아닌
   것으로 되어 있음.

3. 농협그룹: 2012-2019년

| 연도 | 그룹 | | 지주회사체제 | | | 지주회사 체제 달성 비율 (B/A, %) |
	순위	계열회사 (A, 개)	지주회사 (a)	계열회사 (b, 개)	a+b (B, 개)	
2012	34	41	농업경제지주	13	14 [28]	68
			농업금융지주	13	14	
2013	9	34	농업경제지주	13	14 [28]	82
			농업금융지주	13	14	
2014	9	32	농업경제지주	14	15 [27]	84
			농업금융지주	11	12	
2015	9	39	농업경제지주	15	16 [35]	90
			농업금융지주	18	19	
2016	10	45	농업경제지주	19	20 [38]	84
			농업금융지주	17	18	
2017	10	81	농업경제지주	20	21 [42]	52
			농업금융지주	20	21	
2018	9	49	농업금융지주	18	19	39
2019	9	44	농업금융지주	16	17	39

출처: 공정거래위원회.

1. 지주회사체제

  1) 연도: 2012-2019년.

  2) 연도 수: 8년.

  3) 유형: 적극적인 지주회사체제 (지주회사체제 달성 비율 30% 이상; 39-90%).

4) 지주회사체제 편입 계열회사 수: 17-42개.

5) 그룹 순위: 9-34위.

2. 그룹 [농협]

대규모집단 지정: 2008, 2012-2019년.

3. 지주회사 [2개]

1) [농업경제지주]

① 지주회사 지정: 2012-2017년; 지주회사 설립·지정 2012년 3월, 제외 2017년 12월.

② 계열회사: [2012-2013년] 13개 (자회사 13개 + 손자회사 0개), [2014년] 14개 (13+1), [2015년] 15개 (14+1), [2016년] 19개 (17+2), [2017년] 20개 (18+2).

2) [농업금융지주]

① 지주회사 지정: 2012-2019년; 지주회사 설립·지정 2012년 3월.

② 계열회사: [2012-2013년] 13개 (자회사 7개 + 손자회사 6개 + 증손회사 0개), [2014년] 11개 (7+4+0), [2015년] 18개 (9+9+0), [2016년] 17개 (7+9+1), [2017년] 20개 (7+11+2), [2018년] 18개 (7+9+2), [2019년] 16

개 (8+8+0).

3) 농업경제지주와 농업금융지주는 서로 지분 관계 없음.

4. 네이버그룹: 2017년

| 연도 | 그룹 | | 지주회사체제 | | | 지주회사 체제 달성 비율 (B/A, %) |
	순위	계열 회사 (A, 개)	지주회사 (a)	계열 회사 (b, 개)	a+b (B, 개)	
2017	51	71	휴맥스홀딩스	9	10	14

출처: 공정거래위원회.

1. 지주회사체제

  1) 연도: 2017년.

  2) 연도 수: 1년.

  3) 유형: 소극적인 지주회사체제 (지주회사체제 달성 비율 30% 미만; 14%)

  4) 지주회사체제 편입 계열회사 수: 10개.

  5) 그룹 순위: 51위.

2. 그룹 [네이버]

  대규모집단 지정: 2017-2019년.

3. 지주회사 [휴맥스홀딩스]

  1) 지주회사 지정: 2010-2019년; 지주회사 전환·지정 2010년 3월.

  2) 계열회사: [2017년] 9개 (자회사 4개 + 손자회사 5개).

4. 2018-2019년의 경우, 그룹은 대규모집단으로 지정되고 지주
   회사는 존속하였지만 자료에는 휴맥스홀딩스가 네이버그룹
   소속이 아닌 것으로 되어 있음.

5. 넥슨그룹: 2017년

연도	그룹		지주회사체제			지주회사 체제 달성 비율 (B/A, %)
	순위	계열 회사 (A, 개)	지주회사 (a)	계열 회사 (b, 개)	a+b (B, 개)	
2017	56	22	와이즈키즈	1	2	9

출처: 공정거래위원회.

1. 지주회사체제

　　1) 연도: 2017년.

　　2) 연도 수: 1년.

　　3) 유형: 소극적인 지주회사체제 (지주회사체제 달성 비율
　　　　30% 미만; 9%).

　　4) 지주회사체제 편입 계열회사 수: 2개.

　　5) 그룹 순위: 56위.

2. 그룹 [넥슨]

　　대규모집단 지정: 2017-2019년.

3. 지주회사 [와이즈키즈]

　　1) 지주회사 지정: 2017년; 지주회사 전환·지정 2017년 1월,
　　　　제외 2018년 4월.

　　2) 계열회사: [2017년] 1개 (자회사).

6. 동부그룹: 2011-2012년

| 연도 | 그룹 | | 지주회사체제 | | | 지주회사 체제 달성 비율 (B/A, %) |
	순위	계열 회사 (A, 개)	지주회사 (a)	계열 회사 (b, 개)	a+b (B, 개)	
2011	20	38	동부인베스트먼트	1	2	5
2012	19	56	동부인베스트먼트	2	3	5

출처: 공정거래위원회.

1. 지주회사체제

　　1) 연도: 2011-2012년.

　　2) 연도 수: 2년.

　　3) 유형: 소극적인 지주회사체제 (지주회사체제 달성 비율 30% 미만; 5%).

　　4) 지주회사체제 편입 계열회사 수: 2-3개.

　　5) 그룹 순위: 19-20위.

2. 그룹 [동부]

　　1) 이름: 동부 (2001-2017년), DB (2018-2019년).

　　2) 대규모집단 지정: 2001-2015, 2017-2019년.

3. 지주회사 [동부인베스트먼트]

   1) 지주회사 지정: 2011-2012년; 지주회사 설립 2009년 11
      월, 지정 2011년 1월, 제외 2012년 10월.

   2) 계열회사: [2011년] 1개 (자회사 1개 + 손자회사 0개),
      [2012년] 2개 (1+1).

7. 동원그룹: (2003-2004), 2017-2019년

연도	그룹		지주회사체제			지주회사 체제 달성 비율 (B/A, %)
	순위	계열 회사 (A, 개)	지주회사 (a)	계열 회사 (b, 개)	a+b (B, 개)	
2003	32	17	동원엔터프라이즈	9	10	59
2004	31	17	동원엔터프라이즈	9	10	59
2005						
2006						
2007						
2008						
2009						
2010						
2011						
2012						
2013						
2014						
2015						
2016						
2017	37	30	동원엔터프라이즈	20	21	70
2018	45	22	동원엔터프라이즈	18	19	86
2019	48	24	동원엔터프라이즈	22	23	96

출처: 공정거래위원회.

1. 지주회사체제

   1) 연도: (2003-2004), 2017-2019년.

   2) 연도 수: 3년.

3) 유형: 적극적인 지주회사체제 (지주회사체제 달성 비율 30% 이상; 59-96%).

4) 지주회사체제 편입 계열회사 수: 10-23개.

5) 그룹 순위: 17-30위.

6) 지주회사체제 시작 연도는 2017년으로 간주함.

2. 그룹 [동원]

대규모집단 지정: 2002-2004, 2017-2019년.

3. 지주회사 [동원엔터프라이즈]

1) 지주회사 지정: 2001-2019년; 지주회사 설립·지정 2001년 4월.

2) 계열회사: [2003-2004년] 9개 (자회사 8개 + 손자회사 1개 + 증손회사 0개), [2017년] 20개 (6+8+6), [2018년] 18개 (4+9+5), [2019년] 22개 (5+12+5).

4. 금융지주회사 동원금융지주(2003-2004년)는 분석에서 제외함.

8. 두산그룹: 2009-2014년

연도	그룹 순위	그룹 계열회사 (A, 개)	지주회사체제 지주회사 (a)	지주회사체제 계열회사 (b, 개)	지주회사체제 a+b (B, 개)	지주회사체제 달성 비율 (B/A, %)
2009	12	26	두산	21	22 [22]	85
			두산 모트롤홀딩스	1	2	
2010	12	29	두산	23	24 [24]	83
			디아이피홀딩스	3	4	
2011	12	25	두산	20	21 [21]	84
			디아이피홀딩스	2	3	
2012	12	24	두산	20	21 [21]	88
			디아이피홀딩스	3	4	
2013	13	25	두산	19	20 [20]	80
			디아이피홀딩스	3	4	
2014	13	22	두산	14	15 [15]	68
			디아이피홀딩스	2	3	

출처: 공정거래위원회.

1. 지주회사체제

1) 연도: 2009-2014년.

2) 연도 수: 6년.

3) 유형: 적극적인 지주회사체제 (지주회사체제 달성 비율 30% 이상; 68-88%).

4) 지주회사체제 편입 계열회사 수: 15-24개.

5) 그룹 순위: 12-13위.

2. 그룹 [두산]

대규모집단 지정: 2001-2019년.

3. 지주회사 [3개]

1) [두산]

① 지주회사 지정: 2009-2014년; 지주회사 전환·지정 2009년 1월, 제외 2014년 12월.

② 계열회사: [2009년] 21개 (자회사 11개 + 손자회사 8개 + 증손회사 2개), [2010년] 21개 (8+11+2), [2011년] 20개 (9+8+3), [2012년] 20개 (9+9+2), [2013년] 19개 (9+8+2), [2014년] 14개 (7+6+1).

2) [두산모트롤홀딩스]

① 지주회사 지정: 2009년; 지주회사 설립 2008년 5월, 지정 2009년 1월, 제외 2010년 7월.

② 계열회사: [2009년] 1개 (자회사).

3) [디아이피홀딩스]

　① 지주회사 지정: 2010-2014년; 지주회사 설립 2009년 5월, 지정 2010년 1월, 제외 2014년 12월.

　② 계열회사: [2010-2014년] 2-3개 (자회사).

4) 두산모트롤홀딩스와 디아이피홀딩스는 두산의 자회사.

9. 대림그룹: 2015-2019년

| 연도 | 그룹 | | 지주회사체제 | | | 지주회사 체제 달성 비율 (B/A, %) |
	순위	계열회사 (A, 개)	지주회사 (a)	계열회사 (b, 개)	a+b (B, 개)	
2015	19	24	대림에너지	4	5	21
2016	19	28	대림에너지	4	5	18
2017	18	26	대림에너지	4	5	19
2018	18	27	대림에너지	4	5	19
2019	18	26	대림에너지	4	5	19

출처: 공정거래위원회.

1. 지주회사체제

　1) 연도: 2015-2019년.

　2) 연도 수: 5년.

　3) 유형: 소극적인 지주회사체제 (지주회사체제 달성 비율 30% 미만; 18-21%).

　4) 지주회사체제 편입 계열회사 수: 5개.

　5) 그룹 순위: 18-19위.

2. 그룹 [대림]

　대규모집단 지정: 2001-2019년.

3. 지주회사 [대림에너지]

   1) 지주회사 지정: 2015-2019년; 지주회사 설립 2013년 12
      월, 지정 2015년 1월.

   2) 계열회사: [2015-2019년] 4개 (자회사 3개 + 손자회사 1개).

10. 대성그룹: 2011-2015년

| 연도 | 그룹 | | 지주회사체제 | | | 지주회사 체제 달성 비율 (B/A, %) |
	순위	계열회사 (A, 개)	지주회사 (a)	계열회사 (b, 개)	a+b (B, 개)	
2011	43	73	대성합동지주	18	19 [49]	67
			대성홀딩스	9	10	
			서울도시개발	19	20	
2012	41	85	대성합동지주	28	29 [60]	71
			대성홀딩스	9	10	
			서울도시개발	20	21	
2013	37	83	대성합동지주	30	31 [55]	66
			서울도시개발	23	24	
2014	40	76	대성합동지주	22	23 [46]	61
			서울도시개발	22	23	
2015	47	73	서울도시개발	23	24	33

출처: 공정거래위원회.

1. 지주회사체제

   1) 연도: 2011-2015년.

   2) 연도 수: 5년.

   3) 유형: 적극적인 지주회사체제 (지주회사체제 달성 비율 30% 이상; 33-71%).

   4) 지주회사체제 편입 계열회사 수: 24-60개.

   5) 그룹 순위: 37-47위.

2. 그룹 [대성]

대규모집단 지정: 2002-2008, 2011-2015년.

3. 지주회사 [3개]

1) [대성합동지주]
① 지주회사 지정: 2011-2014년; 지주회사 전환 2010년
6월 (대성지주), 지정 2011년 1월 (대성합동지주로
상호 변경), 제외 2014년 12월.
② 계열회사: [2011년] 18개 (자회사 9개 + 손자회사 9
개 + 증손회사 0개), [2012년] 28개 (9+19+0), [2013
년] 30개 (9+20+1), [2014년] 22개 (9+13+0).

2) [대성홀딩스]
① 지주회사 지정: 2010-2012년; 지주회사 전환·지정
2009년 10월, 제외 2013년 3월.
② 계열회사: [2011-2012년] 9개 (자회사).

3) [서울도시개발]
① 지주회사 지정: 2011-2019년; 지주회사 전환·지정
2011년 1월.
② 계열회사: [2011년] 19개 (자회사 2개 + 손자회사 17
개), [2012년] 20개 (3+17), [2013년] 23개 (3+20),

[2014년] 22개 (3+19), [2015년] 23개 (3+20).

4) 대성합동지주, 대성홀딩스 및 서울도시개발은 서로 지분 관계 없음.

11. 대한전선그룹: 2008-2011년

| 연도 | 그룹 | | 지주회사체제 | | | 지주회사 |
	순위	계열 회사 (A, 개)	지주회사 (a)	계열 회사 (b, 개)	a+b (B, 개)	체제 달성 비율 (B/A, %)
2008	30	20	티이씨앤코	3	4	20
2009	25	32	티이씨앤코	4	5	16
2010	31	26	티이씨앤코	4	5	19
2011	39	23	티이씨앤코	4	5	22

출처: 공정거래위원회.

1. 지주회사체제

   1) 연도: 2008-2011년.

   2) 연도 수: 4년.

   3) 유형: 소극적인 지주회사체제 (지주회사체제 달성 비율 30% 미만; 16-22%).

   4) 지주회사체제 편입 계열회사 수: 4-5개.

   5) 그룹 순위: 25-39위.

2. 그룹 [대한전선]

   대규모집단 지정: 2003-2012년.

3. 지주회사 [티이씨앤코]

   1) 지주회사 지정: 2008-2011년; 지주회사 전환·지정 2008
       년 5월, 제외 2011년 12월.

   2) 계열회사: [2008년] 3개 (자회사 3개 + 손자회사 0개),
       [2009-2011년] 4개 (2+2).

12. 롯데그룹: (2005–2006), (2015–2016), 2018–2019년

연도	그룹 순위	그룹 계열회사 (A, 개)	지주회사체제 지주회사 (a)	지주회사체제 계열회사 (b, 개)	지주회사체제 a+b (B, 개)	지주회사체제 달성 비율 (B/A, %)
2005	5	41	롯데물산	4	5 [7]	17
			롯데산업	1	2	
2006	5	43	롯데물산	4	5 [7]	16
			롯데산업	1	2	
2007						
2008						
2009						
2010						
2011						
2012						
2013						
2014						
2015	5	80	이지스일호	2	3	4
2016	5	93	이지스일호	2	3	3
2017						
2018	5	107	롯데지주	47	48	45
2019	5	95	롯데지주	62	63	66

출처: 공정거래위원회.

1. 지주회사체제

   1) 연도: (2005-2006), (2015-2016), 2018-2019년.

   2) 연도 수: 2년.

   3) 유형: 적극적인 지주회사체제 (2018-2019년 지주회사체제 달성 비율 30% 이상; 45-66%). * 소극적인 지주회사체제 (2005-2006, 2015-2016년 지주회사체제 달성 비율 30% 미만; 3-17%).

   4) 지주회사체제 편입 계열회사 수: 3-63개.

   5) 그룹 순위: 5위.

   6) 지주회사체제 시작 연도는 2018년으로 간주함; 지주회사체제 유형은 적극적인 지주회사체제로 간주함.

2. 그룹 [롯데]

   대규모집단 지정: 2001-2019년.

3. 지주회사 [4개]

   1) [롯데물산]

   ① 지주회사 지정: 2005-2006년; 지주회사 전환·지정 2005년 1월, 제외 2006년 12월.

   ② 계열회사: [2005-2006년] 4개 (자회사 1개 + 손자회사 3개).

2) [롯데산업]

① 지주회사 지정: 2005-2006년; 지주회사 전환·지정 2005년 1월, 제외 2006년 12월.

② 계열회사: [2005-2006년] 1개 (자회사).

3) [이지스일호]

① 지주회사 지정: 2015-2016년; 지주회사 설립·지정 2014년 9월, 제외 2016년 11월.

② 계열회사: [2015-2016년] 2개 (자회사 1개 + 손자회사 1개).

4) [롯데지주]

① 지주회사 지정: 2018-2019년; 지주회사 전환·지정 2017년 10월.

② 계열회사: [2018년] 47개 (자회사 20개 + 손자회사 26개 + 증손회사 1개), [2019년] 62개 (24+38+0).

5) 롯데물산과 롯데산업은 서로 지분 관계 없음.

13. 부영그룹: 2010-2019년

연도	그룹 순위	계열회사 (A, 개)	지주회사 (a)	계열회사 (b, 개)	a+b (B, 개)	지주회사체제 달성 비율 (B/A, %)
2010	24	15	부영	2	3	20
2011	23	16	부영	2	3 [5]	31
			동광주택산업	1	2	
2012	23	17	부영	3	4 [6]	35
			동광주택산업	1	2	
2013	23	16	부영	3	4 [6]	38
			동광주택산업	1	2	
2014	21	14	부영	3	4 [6]	43
			동광주택산업	1	2	
2015	20	15	부영	4	5 [7]	47
			동광주택산업	1	2	
2016	16	18	부영	5	6 [8]	44
			동광주택산업	1	2	
2017	16	22	부영	9	10 [12]	55
			동광주택산업	1	2	
2018	16	24	부영	11	12	50
2019	16	24	부영	11	12 [14]	58
			동광주택산업	1	2	

출처: 공정거래위원회.

1. 지주회사체제

   1) 연도: 2010-2019년.

   2) 연도 수: 10년.

   3) 유형: 적극적인 지주회사체제 (2011-2019년 지주회사체제 달성 비율 30% 이상; 31-58%). * 소극적인 지주회사체제 (2010년 지주회사체제 달성 비율 30% 미만; 20%).

   4) 지주회사체제 편입 계열회사 수: 3-14개.

   5) 그룹 순위: 16-24위.

2. 그룹 [부영]

   대규모집단 지정: 2002-2008, 2010-2019년.

3. 지주회사 [2개]

   1) [부영]

   ① 지주회사 지정: 2010-2019년; 지주회사 전환·지정 2009년 12월.

   ② 계열회사: [2010-2011년] 2개 (자회사 2개 + 손자회사 0개 + 증손회사 0개), [2012-2014년] 3개 (1+2+0), 2015년 4개 (1+3+0), [2016년] 5개 (1+4+0), [2017년] 9개 (1+7+1), [2018-2019년] 11개 (1+8+2).

2) [동광주택산업]

   ① 지주회사 지정: 2011-2017, 2019년; 지주회사 전환 2009년 12월, 지정 2011년 1월, 제외 2017년 12월, 지정 2019년 1월.

   ② 계열회사: [2011-2017, 2019년] 1개 (자회사).

3) 부영과 동광주택산업은 서로 지분 관계 없음.

14. 삼성그룹: 2004-2018년

연도	그룹		지주회사체제			지주회사 체제 달성 비율 (B/A, %)
	순위	계열 회사 (A, 개)	지주회사 (a)	계열 회사 (b, 개)	a+b (B, 개)	
2004	1	63	삼성종합화학	1	2	3
2005	1	62	삼성종합화학	1	2	3
2006	1	59	삼성종합화학	1	2	3
2007	1	59	삼성종합화학	1	2	3
2008	1	59	삼성종합화학	1	2	3
2009	1	63	삼성종합화학	1	2	3
2010	1	67	삼성종합화학	1	2	3
2011	1	78	삼성종합화학	1	2	3
2012	1	81	삼성종합화학	1	2	2
2013	1	76	삼성종합화학	1	2	3
2014	1	74	삼성종합화학	1	2	3
2015	1	67	삼성종합화학	2	3	4
2016	1	59	삼성바이오로직스	1	2	3
2017	1	62	삼성바이오로직스	1	2	3
2018	1	62	삼성바이오로직스	1	2	3

출처: 공정거래위원회.

1. 지주회사체제

1) 연도: 2004-2018년.

2) 연도 수: 15년.

3) 유형: 소극적인 지주회사체제 (지주회사체제 달성 비율 30% 미만; 2-4%).

4) 지주회사체제 편입 계열회사 수: 2-3개.

5) 그룹 순위: 1위.

2. 그룹 [삼성]

대규모집단 지정: 2001-2019년.

3. 지주회사 [2개]

1) [삼성종합화학]

① 지주회사 지정: 2004-2019년; 지주회사 전환 2003년 7월, 지정 2004년 1월; 2016년 4월 한화종합화학으로 상호가 변경되었으며 2016년부터 한화그룹 소속임.

② 계열회사: [2004-2015년] 1-2개 (자회사).

2) [삼성바이오로직스]

① 지주회사 지정: 2016-2018년; 지주회사 전환·지정 2016년 1월, 제외 2018년 12월.

② 계열회사: [2016-2018년] 1개 (자회사).

4. 금융지주회사 삼성에버랜드(2004년)는 분석에서 제외함.

15. CJ그룹: 2007-2019년

연도	그룹		지주회사체제			지주회사 체제 달성 비율 (B/A, %)
	순위	계열회사 (A, 개)	지주회사 (a)	계열회사 (b, 개)	a+b (B, 개)	
2007	19	64	CJ홈쇼핑	13	14	22
2008	17	66	CJ㈜	43	44 [50]	76
			CJ홈쇼핑	13	14	
2009	19	61	CJ㈜	50	51 [51]	84
			CJ오쇼핑	13	14	
2010	18	54	CJ㈜	46	47 [58]	107
			CJ오쇼핑	5	6	
			오미디어홀딩스	10	11	
			온미디어	9	10	
2011	16	65	CJ㈜	49	50	77
2012	14	84	CJ㈜	47	48	57
2013	15	82	CJ㈜	54	55 [55]	67
			케이엑스홀딩스	15	16	
2014	15	73	CJ㈜	47	48 [50]	68
			케이엑스홀딩스	15	16	
2015	15	65	CJ㈜	49	50 [52]	80
			케이엑스홀딩스	12	13	
2016	15	62	CJ㈜	52	53 [57]	92
			케이엑스홀딩스	13	14	
2017	15	70	CJ㈜	64	65 [69]	99
			케이엑스홀딩스	11	12	

연도	그룹		지주회사체제			지주회사 체제 달성 비율 (B/A, %)
	순위	계열 회사 (A, 개)	지주회사 (a)	계열 회사 (b, 개)	a+b (B, 개)	
2018	15	80	CJ㈜	72	73 [74]	93
			영우냉동식품	10	11	
2019	14	75	CJ㈜	70	71	95

출처: 공정거래위원회.

1. 지주회사체제

1) 연도: 2007-2019년.

2) 연도 수: 13년.

3) 유형: 적극적인 지주회사체제 (2008-2019년 지주회사체제 달성 비율 30% 이상; 57-107%). * 소극적인 지주회사체제 (2007년 지주회사체제 달성 비율 30% 미만; 22%).

4) 지주회사체제 편입 계열회사 수: 14-74개.

5) 그룹 순위: 14-19위.

2. 그룹 [CJ]

1) 이름: 제일제당 (2001-2002년), CJ (2003-2019년).

2) 대규모집단 지정: 2001-2019년.

3. 지주회사 [6개]

1) [CJ오쇼핑]

① 이름: CJ홈쇼핑 (2007-2008년), CJ오쇼핑 (2009-2010년).

② 지주회사 지정: 2007-2010년; 지주회사 전환·지정 2007년 1월, 제외 2011년 6월.

③ 계열회사: [2007년] 13개 (자회사 5개 + 손자회사 8개 + 증손회사 0개), [2008-2009년] 13개 (5+7+1), [2010년] 5개 (3+2+0).

2) [CJ㈜]

① 지주회사 지정: 2008-2019년; 지주회사 전환·지정 2007년 9월.

② 계열회사: [2008년] 43개 (자회사 15개 + 손자회사 27개 + 증손회사 1개), [2009년] 50개 (14+33+3), [2010년] 46개 (16+27+3), [2011년] 49개 (18+28+3), [2012년] 47개 (12+32+3), [2013년] 54개 (11+33+10), [2014년] 47개 (10+27+10), [2015년] 49개 (9+32+8), [2016년] 52개 (9+39+4), [2017년] 64개 (9+47+8), [2018년] 72개 (10+55+7), [2019년] 70개 (6+55+9).

3) [오미디어홀딩스]

① 지주회사 지정: 2010년; 지주회사 설립·지정 2010년 9월, 제외 2011년 3월.

② 계열회사: [2010년] 10개 (자회사 1개 + 손자회사 9개).

4) [온미디어]

① 지주회사 지정: 2000-2010년; 지주회사 전환·지정 2000년 6월, 제외 2011년 3월; 2007년에는 오리온그룹 소속, 2010년에는 CJ그룹 소속임.

② 계열회사: [2010년] 9개 (자회사).

5) [케이엑스홀딩스]

① 지주회사 지정: 2013-2017년; 지주회사 설립·지정 2013년 3월, 제외 2018년 3월.

② 계열회사: [2013년] 15개 (자회사 1개 + 손자회사 14개), [2014년] 15개 (2+13), [2015년] 12개 (2+10), [2016년] 13개 (7+6), [2017년] 11개 (6+5).

6) [영우냉동식품]

① 지주회사 지정: 2018년; 지주회사 전환·지정 2018년 3월, 제외 2018년 5월.

② 계열회사: [2018년] 10개 (자회사 7개 + 손자회사 3개).

7) ① CJ오쇼핑은 CJ㈜의 자회사.

② 케이엑스홀딩스는 CJ㈜의 자회사.

③ 온미디어는 오미디어홀딩스의 자회사.

④ CJ㈜와 오미디어홀딩스는 서로 지분 관계 없음.

⑤ 영우냉동식품은 CJ㈜의 손자회사, 영우냉동식품의 계열회사는 CJ㈜의 계열회사가 아님; 2018년의 경우, 자료에는 지주회사체제 편입 계열회사가 '74개'로 되어 있음.

8) CJ오쇼핑은 CJ㈜의 자회사:

① [2008년] CJ㈜ 계열회사 '43개'에는 CJ홈쇼핑만 자회사로 포함되어 있음; CJ홈쇼핑 자회사 '5개'와 100% 손자회사 '1개'를 CJ㈜의 손자·증손회사로 간주하여 지주회사체제 편입 전체 계열회사를 '50개'로 함 (CJ㈜ + 43개 + 5개 + 1개).

② [2009년] CJ㈜ 계열회사 '50개'에는 CJ오쇼핑, 자회사 '5개' 및 100% 손자회사 '2개'가 CJ㈜의 자·손자·증손회사로 포함되어 있음.

9) 케이엑스홀딩스는 CJ㈜의 자회사:

① [2013년] CJ㈜ 계열회사 '54개'에는 케이엑스홀딩스, 자회사 '1개' 및 100% 손자회사 '2개'가 CJ㈜의 자·손자·증손회사로 포함되어 있음.

② [2014년] CJ㈜ 계열회사 ‘47개’에는 케이엑스홀딩스 및 자회사 ‘2개’가 CJ㈜의 자·손자회사로 포함되어 있음; 케이엑스홀딩스의 100% 손자회사 ‘2개’를 CJ ㈜의 증손회사로 간주하여 지주회사체제 편입 전체 계열회사를 ‘50개’로 함 (CJ㈜ + 47개 + 2개).

③ [2015년] CJ㈜ 계열회사 ‘49개’에는 케이엑스홀딩스 및 자회사 ‘2개’가 CJ㈜의 자·손자회사로 포함되어 있음; 케이엑스홀딩스의 100% 손자회사 ‘2개’를 CJ ㈜의 증손회사로 간주하여 지주회사체제 편입 전체 계열회사를 ‘52개’로 함 (CJ㈜ + 49개 + 2개).

④ [2016년] CJ㈜ 계열회사 ‘52개’에는 케이엑스홀딩스 및 자회사 ‘7개’가 CJ㈜의 자·손자회사로 포함되어 있음; 케이엑스홀딩스의 100% 손자회사 ‘4개’를 CJ ㈜의 증손회사로 간주하여 지주회사체제 편입 전체 계열회사를 ‘57개’로 함 (CJ㈜ + 52개 + 4개).

⑤ [2017년] CJ㈜ 계열회사 ‘64개’에는 케이엑스홀딩스 및 자회사 ‘6개’가 CJ㈜의 자·손자회사로 포함되어 있음; 케이엑스홀딩스의 100% 손자회사 ‘4개’를 CJ ㈜의 증손회사로 간주하여 지주회사체제 편입 전체 계열회사를 ‘69개’로 함 (CJ㈜ + 64개 + 4개).

16. 신세계그룹: 2016-2019년

| 연도 | 그룹 | | 지주회사체제 | | | 지주회사 체제 달성 비율 (B/A, %) |
	순위	계열 회사 (A, 개)	지주회사 (a)	계열 회사 (b, 개)	a+b (B, 개)	
2016	14	34	신세계프라퍼티	2	3	9
2017	11	37	신세계프라퍼티	3	4	11
2018	11	39	신세계프라퍼티	4	5	13
2019	11	40	신세계프라퍼티	6	7	18

출처: 공정거래위원회.

1. 지주회사체제

   1) 연도: 2016-2019년.

   2) 연도 수: 4년.

   3) 유형: 소극적인 지주회사체제 (지주회사체제 달성 비율 30% 미만; 9-18%).

   4) 지주회사체제 편입 계열회사 수: 3-7개.

   5) 그룹 순위: 11-14위.

2. 그룹 [신세계]

   대규모집단 지정: 2001-2019년.

3. 지주회사 [신세계프라퍼티]

　1) 지주회사 지정: 2016-2019년; 지주회사 전환·지정 2016
　　년 1월.

　2) 계열회사: [2016-2019년] 2-6개 (자회사).

17. 세아그룹: 2004-2007, 2009-2015, 2017-2019년

| 연도 | 그룹 | | 지주회사체제 | | | 지주회사 체제 달성 비율 (B/A, %) |
	순위	계열회사 (A, 개)	지주회사 (a)	계열회사 (b, 개)	a+b (B, 개)	
2004	33	28	세아홀딩스	14	15	54
2005	32	28	세아홀딩스	15	16	57
2006	36	23	세아홀딩스	14	15	65
2007	38	22	세아홀딩스	14	15	68
2008						
2009	38	23	세아홀딩스	15	16	70
2010	44	19	세아홀딩스	12	13	68
2011	44	21	세아홀딩스	14	15	71
2012	42	24	세아홀딩스	16	17	71
2013	42	23	세아홀딩스	17	18	78
2014	44	22	세아홀딩스	17	18	82
2015	41	21	세아홀딩스	15	16	76
2016						
2017	39	21	세아홀딩스	15	16	76
2018	40	21	세아홀딩스	13	14 [19]	90
			세아제강지주	4	5	
2019	39	24	세아홀딩스	13	14 [20]	83
			세아제강지주	5	6	

출처: 공정거래위원회.

1. 지주회사체제

   1) 연도: 2004-2007, 2009-2015, 2017-2019년.

   2) 연도 수: 14년.

   3) 유형: 적극적인 지주회사체제 (지주회사체제 달성 비율
      30% 이상; 54-90%).

   4) 지주회사체제 편입 계열회사 수: 13-20개.

   5) 그룹 순위: 32-44위.

2. 그룹 [세아]

   대규모집단 지정: 2004-2015, 2017-2019년.

3. 지주회사 [2개]

   1) [세아홀딩스]

      ① 지주회사 지정: 2004-2019년; 지주회사 설립·지정
         2001년 7월.

      ② 계열회사: [2004년] 14개 (자회사 14개 + 손자회사 0개),
         [2005년] 15개 (14+1), [2006-2007년] 14개 (14+0),
         [2009년] 15개 (14+1), [2010년] 12개 (11+1), [2011년]
         14개 (12+2), [2012년] 16개 (12+4), [2013-2014년]
         17개 (12+5), [2015, 2017년] 15개 (11+4), [2018-
         2019년] 13개 (10+3).

2) [세아제강지주]

   ① 지주회사 지정: 2018-2019년; 지주회사 전환·지정 2018년 9월.

   ② 계열회사: [2018년] 4개 (자회사 3개 + 손자회사 1개), [2019년] 5개 (4+1).

3) 세아홀딩스와 세아제강지주는 서로 지분 관계 없음.

4. 2008년의 경우, 그룹은 대규모집단으로 지정되고 지주회사는 존속하였지만 자료에는 세아홀딩스가 세아그룹 소속이 아닌 것으로 되어 있음.

18. 셀트리온그룹: 2017-2019년

| 연도 | 그룹 | | 지주회사체제 | | | 지주회사 체제 달성 비율 (B/A, %) |
	순위	계열 회사 (A, 개)	지주회사 (a)	계열 회사 (b, 개)	a+b (B, 개)	
2017	49	11	셀트리온홀딩스	5	6	55
2018	38	9	셀트리온홀딩스	4	5	56
2019	42	10	셀트리온홀딩스	4	5	50

출처: 공정거래위원회.

1. 지주회사체제

  1) 연도: 2017-2019년.

  2) 연도 수: 3년.

  3) 유형: 적극적인 지주회사체제 (지주회사체제 달성 비율 30% 이상; 50-56%).

  4) 지주회사체제 편입 계열회사 수: 5-6개.

  5) 그룹 순위: 38-49위.

2. 그룹 [셀트리온]

  대규모집단 지정: 2017-2019년.

3. 지주회사 [셀트리온홀딩스]

　　1) 지주회사 지정: 2010-2019년; 지주회사 설립·지정 2010
　　　년 11월.

　　2) 계열회사: [2017년] 5개 (자회사 2개 + 손자회사 2개 +
　　　증손회사 1개), [2018년] 4개 (2+1+1), [2019년] 4개
　　　(2+2+0).

19. 아모레퍼시픽그룹: (2007), 2013-2015, 2017-2019년

| 연도 | 그룹 | | 지주회사체제 | | | 지주회사 체제 달성 비율 (B/A, %) |
	순위	계열 회사 (A, 개)	지주회사 (a)	계열 회사 (b, 개)	a+b (B, 개)	
2007	48	7	태평양	4	5	71
2008						
2009						
2010						
2011						
2012						
2013	52	10	아모레퍼시픽그룹	9	10	100
2014	48	10	아모레퍼시픽그룹	9	10	100
2015	46	12	아모레퍼시픽그룹	10	11	92
2016						
2017	43	12	아모레퍼시픽그룹	11	12	100
2018	48	12	아모레퍼시픽그룹	11	12	100
2019	50	13	아모레퍼시픽그룹	12	13	100

출처: 공정거래위원회.

1. 지주회사체제

1) 연도: (2007), 2013-2015, 2017-2019년.

2) 연도 수: 6년.

3) 유형: 적극적인 지주회사체제 (지주회사체제 달성 비율 30% 이상; 71-100%).

4) 지주회사체제 편입 계열회사 수: 5-13개.

5) 그룹 순위: 43-52위.

6) 지주회사체제 시작 연도는 2013년으로 간주함.

2. 그룹 [아모레퍼시픽]

1) 이름: 태평양 (2007-2008년), 아모레퍼시픽 (2013-2019년).

2) 대규모집단 지정: 2007-2008, 2013-2015, 2017-2019년.

3. 지주회사 [아모레퍼시픽그룹]

1) 이름: 태평양 (2007-2010년), 아모레퍼시픽그룹 (2011-2019년).

2) 지주회사 지정: 2007-2019년; 지주회사 전환·지정 2007
   년 1월.

3) 계열회사: [2007년] 4개 (자회사 4개 + 손자회사 0개),
   [2013-2014년] 9개 (9+0), [2015년] 10개 (9+1), [2017-2018
   년] 11개 (10+1), [2019년] 12개 (10+2).

4. 2008년의 경우, 그룹은 대규모집단으로 지정되고 지주회사는
   존속하였지만 자료에는 지주회사 태평양이 태평양그룹 소속
   이 아닌 것으로 되어 있음.

20. 오리온그룹: 2007년

연도	그룹		지주회사체제			지주회사 체제 달성 비율 (B/A, %)
	순위	계열회사 (A, 개)	지주회사 (a)	계열회사 (b, 개)	a+b (B, 개)	
2007	54	22	온미디어	9	10	45

출처: 공정거래위원회.

1. 지주회사체제

　　1) 연도: 2007년.

　　2) 연도 수: 1년.

　　3) 유형: 적극적인 지주회사체제 (지주회사체제 달성 비율 30% 이상; 45%).

　　4) 지주회사체제 편입 계열회사 수: 10개.

　　5) 그룹 순위: 54위.

2. 그룹 [오리온]

　　대규모집단 지정: 2007-2008년.

3. 지주회사 [온미디어]

　　1) 지주회사 지정: 2000-2010년; 지주회사 설립·지정 2000년 6월, 제외 2011년 3월; 2007년에는 오리온그룹 소속, 2010년에는 CJ그룹 소속임.

2) 계열회사: [2007년] 9개 (자회사 8개 + 손자회사 1개).

4. 2008년의 경우, 그룹은 대규모집단으로 지정되고 지주회사는 존속하였지만 자료에는 온미디어가 오리온그룹 소속이 아닌 것으로 되어 있음.

21. 웅진그룹: 2009-2013년

| 연도 | 그룹 | | 지주회사체제 | | | 지주회사 체제 달성 비율 (B/A, %) |
	순위	계열 회사 (A, 개)	지주회사 (a)	계열 회사 (b, 개)	a+b (B, 개)	
2009	34	29	웅진홀딩스	18	19	66
2010	33	24	웅진홀딩스	20	21	88
2011	32	31	웅진홀딩스	19	20	65
2012	31	29	웅진홀딩스	23	24	83
2013	49	25	웅진홀딩스	20	21	84

출처: 공정거래위원회.

1. 지주회사체제

  1) 연도: 2009-2013년.

  2) 연도 수: 5년.

  3) 유형: 적극적인 지주회사체제 (지주회사체제 달성 비율
     30% 이상; 65-88%).

  4) 지주회사체제 편입 계열회사 수: 19-24개.

  5) 그룹 순위: 31-49위.

2. 그룹 [웅진]

  대규모집단 지정: 2008-2013년.

3. 지주회사 [웅진홀딩스]

   1) 이름: 웅진홀딩스 (2008-2014년), ㈜웅진 (2015-2019년).

   2) 지주회사 지정: 2008-2019년; 지주회사 전환 2007년 5월,
   지정 2008년 1월.

   3) 계열회사: [2009년] 18개 (자회사 10개 + 손자회사 7개
   + 증손회사 1개), [2010년] 20개 (9+9+2), [2011년] 19개
   (8+10+1), [2012년] 23개 (7+15+1), [2013년] 20개
   (8+11+1).

4. 2008년의 경우, 그룹은 대규모집단으로 지정되고 지주회사는
   존속하였지만 자료에는 웅진홀딩스가 웅진그룹 소속이 아닌
   것으로 되어 있음.

22. 애경그룹: 2019년

연도	그룹		지주회사체제			지주회사 체제 달성 비율 (B/A, %)
	순위	계열 회사 (A, 개)	지주회사 (a)	계열 회사 (b, 개)	a+b (B, 개)	
2019	58	40	AK홀딩스	25	26	65

출처: 공정거래위원회.

1. 지주회사체제

　　1) 연도: 2019년.

　　2) 연도 수: 1년.

　　3) 유형: 적극적인 지주회사체제 (지주회사체제 달성 비율 30% 이상; 65%).

　　4) 지주회사체제 편입 계열회사 수: 26개.

　　5) 그룹 순위: 58위.

2. 그룹 [애경]

　　대규모집단 지정: 2008, 2019년.

3. 지주회사 [AK홀딩스]

　　1) 지주회사 지정: 2012-2019년; 지주회사 전환·지정 2012년 9월.

　　2) 계열회사: [2019년] 25개 (자회사 7개 + 손자회사 18개).

23. SM그룹: 2017년

| 연도 | 그룹 | | 지주회사체제 | | | 지주회사 체제 달성 비율 (B/A, %) |
	순위	계열 회사 (A, 개)	지주회사 (a)	계열 회사 (b, 개)	a+b (B, 개)	
2017	46	61	삼라마이다스	4	5 [15]	25
			에스엠티케미칼	3	4	
			케이엘홀딩스	6	7	

출처: 공정거래위원회.

1. 지주회사체제

　　1) 연도: 2017년.

　　2) 연도 수: 1년.

　　3) 유형: 소극적인 지주회사체제 (지주회사체제 달성 비율 30% 미만; 25%).

　　4) 지주회사체제 편입 계열회사 수: 15개.

　　5) 그룹 순위: 46위.

2. 그룹 [SM]

　　대규모집단 지정: 2017-2019년.

3. 지주회사 [3개]

1) [삼라마이다스]
   ① 지주회사 지정: 2017년; 지주회사 전환·지정 2017년
   1월, 제외 2017년 11월.
   ② 계열회사: [2017년] 4개 (자회사 1개 + 손자회사 3개).

2) [에스엠티케미칼]
   ① 지주회사 지정: 2017년; 지주회사 전환·지정 2017년
   1월, 제외 2018년 4월.
   ② 계열회사: [2017년] 3개 (자회사 1개 + 손자회사 2개).

3) [케이엘홀딩스]
   ① 지주회사 지정: 2017년; 지주회사 전환·지정 2017년
   1월, 제외 2017년 7월.
   ② 계열회사: [2017년] 6개 (자회사 1개 + 손자회사 4개
   + 증손회사 1개).

4) ① 삼라마이다스와 에스엠티케미칼은 서로 지분 관계 없음.
   ② 케이엘홀딩스는 에스엠티케미칼의 손자회사, 케이엘홀
   딩스의 계열회사는 에스엠티케미칼의 계열회사가 아
   님.

24. SK그룹: 2001, 2003-2019년

| 연도 | 그룹 | | 지주회사체제 | | | 지주회사체제 달성 비율 (B/A, %) |
	순위	계열회사 (A, 개)	지주회사 (a)	계열회사 (b, 개)	a+b (B, 개)	
2001	4	54	SK엔론	13	14	26
2003	3	60	SK엔론	14	15	25
2004	4	59	SK엔론	13	14	24
2005	4	50	SK엔론	12	13	26
2006	3	56	SK E&S	12	13	23
2007	3	57	SK㈜	23	24 [34]	60
			SK E&S	11	12	
2008	3	64	SK㈜	35	36 [47]	73
			SK E&S	11	12	
2009	3	77	SK㈜	58	59 [59]	77
			SK E&S	10	11	
2010	3	75	SK㈜	62	63 [63]	84
			SK E&S	9	10	
2011	3	86	SK㈜	66	67 [67]	78
			SK이노베이션	16	17	
			SK E&S	9	10	
2012	3	94	SK㈜	66	67 [67]	71
			SK이노베이션	17	18	
2013	3	81	SK㈜	63	64 [64]	79
			SK이노베이션	12	13	

연도	그룹		지주회사체제			지주회사 체제 달성 비율 (B/A, %)
	순위	계열 회사 (A, 개)	지주회사 (a)	계열 회사 (b, 개)	a+b (B, 개)	
2014	3	80	SK㈜	62	63 [63]	79
			SK이노베이션	13	14	
			SK E&S	13	14	
2015	3	82	SK㈜	67	68 [68]	83
			SK이노베이션	13	14	
			SK E&S	11	12	
2016	3	86	SK㈜	67	68 [68]	79
			SK이노베이션	13	14	
			SK E&S	11	12	
2017	3	96	SK㈜	75	76 [76]	79
			SK이노베이션	14	15	
			SK E&S	11	12	
2018	3	101	SK㈜	84	85 [94]	93
			SK이노베이션	13	14	
			SK디스커버리	8	9	
2019	3	111	SK㈜	82	83 [98]	88
			SK이노베이션	11	12	
			라이프앤 시큐리티홀딩스	3	4	
			SK디스커버리	14	15	

출처: 공정거래위원회.

1. 지주회사체제

   1) 연도: 2001, 2003-2019년.

   2) 연도 수: 18년.

   3) 유형: 적극적인 지주회사체제 (2007-2019년 지주회사체제 달성 비율 30% 이상; 60-93%). * 소극적인 지주회사체제 (2001-2006년 지주회사체제 달성 비율 30% 미만; 23-26%).

   4) 지주회사체제 편입 계열회사 수: 13-98개.

   5) 그룹 순위: 3-4위.

2. 그룹 [SK]

   대규모집단 지정: 2001-2019년.

3. 지주회사 [5개]

   1) [SK E&S]

      ① 이름: SK엔론 (2001-2005년), SK E&S (2006-2017년).

      ② 지주회사 지정: 2001-2011, 2014-2017년; 지주회사 설립 1999년 1월, 지정 2000년 1월, 제외 2011년 12월, 지정 2014년 1월, 제외 2017년 12월.

      ③ 계열회사: [2001년] 13개 (자회사 11개 + 손자회사 2개; 손자회사는 2000년 3월 현재), [2003년] 14개 (11+3), [2004년] 13개 (11+2), [2005-2006년] 12개

(11+1), [2007-2008년] 11개 (10+1), [2009년] 10개 (9+1), [2010-2011년] 9개 (9+0), [2014년] 13개 (12+1), [2015년] 11개 (10+1), [2016-2017년] 11개 (11+0).

2) [SK㈜]

① 지주회사 지정: 2007-2019년; 지주회사 전환·지정 2007년 7월, 제외 2015년 8월, 지정 2015년 8월.

② 계열회사: [2007년] 23개 (자회사 7개 + 손자회사 16개 + 증손회사 0개), [2008년] 35개 (7+28+0), [2009년] 58개 (8+42+8), [2010년] 62개 (9+44+9), [2011년] 66개 (8+48+10), [2012년] 66개 (8+46+12), [2013년] 63개 (9+41+13), [2014년] 62개 (9+43+10), [2015년] 67개 (12+45+10), [2016년] 67개 (12+47+8), [2017년] 75개 (15+48+12), [2018년] 84개 (17+53+14), [2019년] 82개 (12+53+17).

3) [SK이노베이션]

① 지주회사 지정: 2011-2019년; 지주회사 설립·지정 2011년 1월.

② 계열회사: [2011년] 16개 (자회사 7개 + 손자회사 9개), [2012년] 17개 (7+10), [2013년] 12개 (6+6), [2014년] 13개 (8+5), [2015-2016년] 13개 (9+4),

[2017년] 14개 (9+5), [2018년] 13개 (9+4), [2019년] 11개 (7+4).

4) [SK디스커버리]

① 지주회사 지정: 2018-2019년; 지주회사 전환·지정 2017년 12월.

② 계열회사: [2018년] 8개 (자회사 3개 + 손자회사 4개 + 증손회사 1개), [2019년] 14개 (4+7+3).

5) [라이프앤시큐리티홀딩스]

① 지주회사 지정: 2014-2019년; 지주회사 설립 2014년 3월, 지정 2014년 10월; 2019년 SK그룹 소속.

② 계열회사: [2019년] 3개 (자회사).

6) ① SK E&S는 SK㈜의 자회사.

② SK이노베이션은 SK㈜의 자회사.

③ 라이프앤시큐리티홀딩스는 SK㈜의 손자회사.

④ SK㈜와 SK디스커버리는 서로 지분 관계 없음.

7) SK E&S는 SK㈜의 자회사:

① [2007년] SK㈜ 계열회사 '23개'에는 SK E&S만 자회사로 포함되어 있음; SK E&S 자회사 '10개'를 SK㈜의 손자회사로 간주하여 지주회사체제 편입 전체 계

열회사를 '34개'로 함 (SK㈜ + 23개 + 10개).

② [2008년] SK㈜ 계열회사 '35개'에는 SK E&S만 자회
사로 포함되어 있음; SK E&S 자회사 '10개'와 100%
손자회사 '1개'를 SK㈜의 손자·증손회사로 간주하여
지주회사체제 편입 전체 계열회사를 '47개'로 함 (SK
㈜ + 35개 + 10개 + 1개).

25. STX그룹: 2005년

| 연도 | 그룹 | | 지주회사체제 | | | 지주회사 체제 달성 비율 (B/A, %) |
	순위	계열회사 (A, 개)	지주회사 (a)	계열회사 (b, 개)	a+b (B, 개)	
2005	28	14	㈜STX	8	9	64

출처: 공정거래위원회.

1. 지주회사체제

 1) 연도: 2005년.

 2) 연도 수: 1년.

 3) 유형: 적극적인 지주회사체제 (지주회사체제 달성 비율
    30% 이상; 64%).

 4) 지주회사체제 편입 계열회사 수: 9개.

 5) 그룹 순위: 28위.

2. 그룹 [STX]

 대규모집단 지정: 2005-2013년.

3. 지주회사 [㈜STX]

 1) 지주회사 지정: 2004-2005년; 지주회사 전환·지정 2004
    년 4월, 제외 2005년 10월.

 2) 계열회사: [2005년] 8개 (자회사 4개 + 손자회사 4개).

26. HDC그룹: 2019년

연도	그룹		지주회사체제			지주회사 체제 달성 비율 (B/A, %)
	순위	계열 회사 (A, 개)	지주회사 (a)	계열 회사 (b, 개)	a+b (B, 개)	
2019	33	24	HDC㈜	19	20	83

출처: 공정거래위원회.

1. 지주회사체제

    1) 연도: 2019년.

    2) 연도 수: 1년.

    3) 유형: 적극적인 지주회사체제 (지주회사체제 달성 비율 30% 이상; 83%).

    4) 지주회사체제 편입 계열회사 수: 20개.

    5) 그룹 순위: 33위.

2. 그룹 [HDC]

    1) 이름: 현대산업개발 (2001-2018년), HDC (2019년).

    2) 대규모집단 지정: 2001-2015, 2017-2019년.

3. 지주회사 [HDC㈜]

    1) 지주회사 지정: 2019년; 지주회사 전환·지정 2018년 9월.

    2) 계열회사: [2019년] 19개 (자회사 15개 + 손자회사 4개).

27. LS그룹: 2008-2019년

| 연도 | 그룹 | | 지주회사체제 | | | 지주회사 체제 달성 비율 (B/A, %) |
	순위	계열회사 (A, 개)	지주회사 (a)	계열회사 (b, 개)	a+b (B, 개)	
2008	18	24	㈜LS	14	15	63
2009	17	32	㈜LS	19	20	63
2010	15	44	㈜LS	24	25	57
2011	15	47	㈜LS	26	27	57
2012	15	50	㈜LS	27	28	56
2013	17	49	㈜LS	27	28	57
2014	16	51	㈜LS	26	27	53
2015	16	48	㈜LS	24	25	52
2016	17	45	㈜LS	23	24	53
2017	17	45	㈜LS	22	23	51
2018	17	48	㈜LS	25	26 [36]	75
			예스코홀딩스	9	10	
2019	17	53	㈜LS	29	30 [40]	75
			LSA홀딩스	1	2	
			예스코홀딩스	9	10	

출처: 공정거래위원회.

1. 지주회사체제

1) 연도: 2008-2019년.

2) 연도 수: 12년.

3) 유형: 적극적인 지주회사체제 (지주회사체제 달성 비율
30% 이상; 51-75%).

4) 지주회사체제 편입 계열회사 수: 15-40개.

5) 그룹 순위: 15-18위.

2. 그룹 [LS]

1) 이름: LG전선 (2004년), LS (2005-2019년).

2) 대규모집단 지정: 2004-2019년.

3. 지주회사 [3개]

1) [㈜LS]

① 지주회사 지정: 2008-2019년; 지주회사 전환·지정
2008년 7월.

② 계열회사: [2008년] 14개 (자회사 4개 + 손자회사 10
개 + 증손회사 0개), [2009년] 19개 (4+14+1), [2010
년] 24개 (4+19+1), [2011년] 26개 (4+21+1), [2012-2013
년] 27개 (5+21+1), [2014년] 26개 (6+19+1), [2015
년] 24개 (6+17+1), [2016년] 23개 (6+16+1), [2017
년] 22개 (6+15+1), [2018년] 25개 (6+17+2), [2019
년] 29개 (6+19+4).

2) [예스코홀딩스]

　① 지주회사 지정: 2018-2019년; 지주회사 전환·지정
　　2018년 4월.

　② 계열회사: [2018년] 9개 (자회사 7개 + 손자회사 2
　　개), [2019년] 9개 (3+6).

3) [LSA홀딩스]

　① 지주회사 지정: 2019년; 지주회사 전환·지정 2019년 1월.

　② 계열회사: [2019년] 1개 (자회사).

4) ① LSA홀딩스는 ㈜LS의 손자회사.

　② ㈜LS와 예스코홀딩스는 서로 지분 관계 없음.

28. LG그룹: 2001, 2003-2019년

연도	그룹 순위	그룹 계열회사 (A, 개)	지주회사체제 지주회사 (a)	지주회사체제 계열회사 (b, 개)	지주회사체제 a+b (B, 개)	지주회사체제 달성 비율 (B/A, %)
2001	3	43	㈜LGCI	13	14	33
2003	2	50	㈜LG	37	38	76
2004	2	46	㈜LG	37	38	83
2005	3	38	㈜LG	33	34	89
2006	4	30	㈜LG	28	29	97
2007	4	31	㈜LG	28	29	94
2008	4	36	㈜LG	29	30	83
2009	4	52	㈜LG	45	46	88
2010	4	53	㈜LG	45	46	87
2011	4	59	㈜LG	50	51	86
2012	4	63	㈜LG	51	52	83
2013	4	61	㈜LG	54	55	90
2014	4	61	㈜LG	54	55	90
2015	4	63	㈜LG	55	56	89
2016	4	67	㈜LG	57	58	87
2017	4	68	㈜LG	60	61	90
2018	4	70	㈜LG	65	66	94
2019	4	75	㈜LG	72	73	97

출처: 공정거래위원회.

1. 지주회사체제

   1) 연도: 2001, 2003-2019년.

   2) 연도 수: 18년.

   3) 유형: 적극적인 지주회사체제 (지주회사체제 달성 비율
      30% 이상; 33-97%).

   4) 지주회사체제 편입 계열회사 수: 14-73개.

   5) 그룹 순위: 2-4위.

2. 그룹 [LG]

   대규모집단 지정: 2001-2019년.

3. 지주회사 [㈜LG]

   1) 이름: ㈜LGCI (2001년), ㈜LG (2003-2019년).

   2) 지주회사 지정: 2001-2019년; 지주회사 전환·지정 2001년
      4월.

   3) 계열회사: [2001년] 13개 (자회사 13개 + 손자회사 0개 +
      증손회사 0개; 손자회사 정보 없음), [2003-2004년] 37개
      (17+20+0), [2005년] 33개 (15+18+0), [2006-2007년] 28개
      (14+14+0), [2008년] 29개 (14+15+0), [2009년] 45개
      (15+28+2), [2010년] 45개 (16+27+2), [2011년] 50개
      (15+33+2), [2012년] 51개 (15+34+2), [2013년] 54개
      (15+35+4), [2014년] 54개 (15+36+3), [2015년] 55개
      (16+36+3), [2016년] 57개 (15+39+3), [2017년] 60개

(15+40+5), [2018년] 65개 (14+46+5), [2019년] 72개 (13+51+8).

29. GS그룹: 2005-2019년

연도	그룹		지주회사체제			지주회사 체제 달성 비율 (B/A, %)
	순위	계열 회사 (A, 개)	지주회사 (a)	계열 회사 (b, 개)	a+b (B, 개)	
2005	9	50	GS홀딩스	12	13	26
2006	8	50	GS홀딩스	15	16	32
2007	8	48	GS홀딩스	14	15	31
2008	7	57	GS홀딩스	17	18	32
2009	8	64	㈜GS	24	25	39
2010	7	69	㈜GS	27	28	41
2011	8	76	㈜GS	31	32	42
2012	8	73	㈜GS	24	25 [25]	34
			GS에너지	18	19	
2013	8	79	㈜GS	30	31 [31]	39
			GS에너지	17	18	
2014	8	80	㈜GS	34	35 [35]	44
			GS에너지	20	21	
2015	7	79	㈜GS	37	38 [38]	48
			GS에너지	18	19	
2016	7	69	㈜GS	39	40 [40]	58
			GS에너지	18	19	
2017	7	69	㈜GS	39	40 [40]	58
			GS에너지	16	17	
2018	7	71	㈜GS	40	41 [41]	58
			GS에너지	15	16	

연도	그룹		지주회사체제			지주회사체제 달성 비율 (B/A, %)
	순위	계열회사 (A, 개)	지주회사 (a)	계열회사 (b, 개)	a+b (B, 개)	
2019	8	64	㈜GS	37	38 [38]	59
			GS에너지	11	12	

출처: 공정거래위원회.

1. 지주회사체제

　　1) 연도: 2005-2019년.

　　2) 연도 수: 15년.

　　3) 유형: 적극적인 지주회사체제 (2006-2019년 지주회사체제 달성 비율 30% 이상; 31-59%). * 소극적인 지주회사체제 (2005년 지주회사체제 달성 비율 30% 미만; 26%).

　　4) 지주회사체제 편입 계열회사 수: 13-41개.

　　5) 그룹 순위: 7-9위.

2. 그룹 [GS]

　　대규모집단 지정: 2005-2019년.

3. 지주회사 [2개]

　　1) [㈜GS]

　　　　① 이름: GS홀딩스 (2004-2008년), ㈜GS (2009-2019년).

② 지주회사 지정: 2005-2019년; 지주회사 설립·지정 2004년 7월.

③ 계열회사: [2005년] 12개 (자회사 4개 + 손자회사 8개 + 증손회사 0개), [2006년] 15개 (5+10+0), [2007년] 14개 (5+9+0), [2008년] 17개 (5+12+0), [2009년] 24개 (5+19+0), [2010년] 27개 (6+21+0), [2011년] 31개 (6+24+1), [2012년] 24개 (6+10+8), [2013년] 30개 (6+18+6), [2014년] 34개 (6+22+6), [2015년] 37개 (7+25+5), [2016-2017년] 39개 (7+26+6), [2018년] 40개 (7+26+7), [2019년] 37개 (7+23+7).

2) [GS에너지]

① 지주회사 지정: 2012-2019년; 지주회사 설립·지정 2012년 1월.

② 계열회사: [2012년] 18개 (자회사 1개 + 손자회사 17개), [2013년] 17개 (11+6), [2014년] 20개 (14+6), [2015-2016년] 18개 (13+5), [2017년] 16개 (11+5), [2018년] 15개 (10+5), [2019년] 11개 (6+5).

3) GS에너지는 ㈜GS의 자회사.

30. 코오롱그룹: 2010-2015, 2017-2019년

| 연도 | 그룹 | | 지주회사체제 | | | 지주회사 체제 달성 비율 (B/A, %) |
	순위	계열 회사 (A, 개)	지주회사 (a)	계열 회사 (b, 개)	a+b (B, 개)	
2010	36	37	코오롱	29	30	81
2011	33	39	코오롱	30	31	79
2012	30	40	코오롱	29	30	75
2013	32	38	코오롱	30	31	82
2014	31	37	코오롱	30	31	84
2015	32	43	코오롱	34	35	81
2016						
2017	32	40	코오롱	35	36	90
2018	31	39	코오롱	35	36	92
2019	30	41	코오롱	34	35	85

출처: 공정거래위원회.

1. 지주회사체제

1) 연도: 2010-2015, 2017-2019년.

2) 연도 수: 9년.

3) 유형: 적극적인 지주회사체제 (지주회사체제 달성 비율 30% 이상; 75-92%).

4) 지주회사체제 편입 계열회사 수: 30-36개.

5) 그룹 순위: 30-36위.

2. 그룹 [코오롱]

　대규모집단 지정: 2001-2015, 2017-2019년.

3. 지주회사 [코오롱]

　1) 지주회사 지정: 2010-2019년; 지주회사 전환·지정 2010년 1월.

　2) 계열회사: [2010년] 29개 (자회사 5개 + 손자회사 23개 + 증손회사 1개), [2011년] 30개 (7+22+1), [2012년] 29개 (8+20+1), [2013년] 30개 (9+20+1), [2014년] 30개 (9+19+2), [2015년] 34개 (8+23+3), [2017년] 35개 (11+20+4), [2018년] 35개 (12+20+3), [2019년] 34개 (12+19+3).

31. 태광그룹: 2011-2015년

연도	그룹		지주회사체제			지주회사 체제 달성 비율 (B/A, %)
	순위	계열회사 (A, 개)	지주회사 (a)	계열회사 (b, 개)	a+b (B, 개)	
2011	46	50	티브로드홀딩스	10	11	22
2012	43	44	티브로드홀딩스	14	15 [15]	34
			티브로드 도봉강북방송	1	2	
2013	43	44	티브로드홀딩스	12	13 [15]	34
			티브로드 전주방송	5	6	
			티브로드 도봉강북방송	1	2	
2014	39	34	티브로드홀딩스	7	8	24
2015	40	32	티브로드	6	7	22

출처: 공정거래위원회.

1. 지주회사체제

1) 연도: 2011-2015년.

2) 연도 수: 5년.

3) 유형: 소극적인 지주회사체제 (2011, 2014-2015년 지주회사체제 달성 비율 30% 미만; 22-24%). * 적극적인 지주회사체제 (2012-2013년 지주회사체제 달성 비율 30% 이상; 34%).

4) 지주회사체제 편입 계열회사 수: 7-15개.

5) 그룹 순위: 39-46위.

6) 지주회사체제 유형은 소극적인 지주회사체제로 간주함.

2. 그룹 [태광]

1) 이름: 태광산업 (2001-2008년), 태광 (2011-2019년).

2) 대규모집단 지정: 2001-2008, 2011-2015, 2017-2019년.

3. 지주회사 [3개]

1) [티브로드]

① 이름: 티브로드홀딩스 (2009-2014년), 티브로드 (2015년).

② 지주회사 지정: 2009-2015년; 지주회사 전환·지정 2008년 11월, 제외 2015년 9월.

③ 계열회사: [2011년] 10개 (자회사 5개 + 손자회사 4개 + 증손회사 1개), [2012년] 14개 (7+5+2), [2013년] 12개 (5+7+0), [2014년] 7개 (4+3+0), [2015년] 6개 (4+2+0).

2) [티브로드도봉강북방송]

① 이름: 큐릭스 (2009년), 티브로드도봉강북방송 (2011-2013년).

② 지주회사 지정: 2009, 2012-2013년; 지주회사 전환·지정 2009년 1월, 제외 2009년 12월, 지정 2012년 1월,

제외 2013년 10월.

③ 계열회사: [2012-2013년] 1개 (자회사).

3) [티브로드전주방송]

① 지주회사 지정: 2013년; 지주회사 설립·지정 2013년 1월, 제외 2013년 10월.

② 계열회사: [2013년] 5개 (자회사 3개 + 손자회사 1개 + 증손회사 1개).

4) ① 티브로드도봉강북방송은 2012년에는 티브로드홀딩스의 손자회사이고, 2013년에는 티브로드전주방송의 손자회사임.

② 티브로드전주방송은 티브로드홀딩스의 자회사: [2013년] 티브로드홀딩스 계열회사 '12개'에는 티브로드전주방송 및 자회사 '3개'가 티브로드홀딩스의 자·손자회사로 포함되어 있으며, 티브로드도봉강북방송은 포함되어 있지 않음.

32. 태영그룹: 2012-2015, 2017-2019년

연도	그룹		지주회사체제			지주회사 체제 달성 비율 (B/A, %)
	순위	계열 회사 (A, 개)	지주회사 (a)	계열 회사 (b, 개)	a+b (B, 개)	
2012	48	40	SBS미디어홀딩스	17	18	45
2013	48	40	SBS미디어홀딩스	18	19	48
2014	46	42	SBS미디어홀딩스	17	18	43
2015	44	44	SBS미디어홀딩스	15	16	36
2016						
2017	40	47	SBS미디어홀딩스	13	14	30
2018	47	48	SBS미디어홀딩스	17	18	38
2019	46	53	SBS미디어홀딩스	20	21	40

출처: 공정거래위원회.

1. 지주회사체제

   1) 연도: 2012-2015, 2017-2019년.

   2) 연도 수: 7년.

   3) 유형: 적극적인 지주회사체제 (지주회사체제 달성 비율
      30% 이상; 30-48%).

   4) 지주회사체제 편입 계열회사 수: 14-21개.

   5) 그룹 순위: 40-48위.

2. 그룹 [태영]

   대규모집단 지정: 2006-2008, 2012-2015, 2017-2019년.

3. 지주회사 [SBS미디어홀딩스]

   1) 이름: SBS홀딩스 (2008년), SBS미디어홀딩스 (2009-2019년).

   2) 지주회사 지정: 2008-2019년; 지주회사 설립·지정 2008년
      3월.

   3) 계열회사: [2012년] 17개 (자회사 8개 + 손자회사 9개 +
      증손회사 0개), [2013년] 18개 (7+11+0), [2014년] 17개
      (6+11+0), [2015년] 15개 (7+8+0), [2017년] 13개 (7+6+0),
      [2018년] 17개 (5+12+0), [2019년] 20개 (6+12+2).

4. 2008년의 경우, 그룹은 대규모집단으로 지정되고 지주회사는
   존속하였지만 자료에는 SBS홀딩스가 태영그룹 소속이 아닌
   것으로 되어 있음.

33. 하림그룹: 2017-2019년

| 연도 | 그룹 | | 지주회사체제 | | | 지주회사
체제
달성
비율
(B/A, %) |
	순위	계열 회사 (A, 개)	지주회사 (a)	계열 회사 (b, 개)	a+b (B, 개)	
2017	30	58	제일홀딩스	43	44 [44]	76
			하림홀딩스	20	21	
2018	32	58	제일홀딩스	48	49	84
2019	26	53	하림지주	45	46	87

출처: 공정거래위원회.

1. 지주회사체제

    1) 연도: 2017-2019년.

    2) 연도 수: 3년.

    3) 유형: 적극적인 지주회사체제 (지주회사체제 달성 비율
       30% 이상; 76-87%).

    4) 지주회사체제 편입 계열회사 수: 44-49개.

    5) 그룹 순위: 26-32위.

2. 그룹 [하림]

    대규모집단 지정: 2017-2019년.

3. 지주회사 [2개]

1) [하림지주]
① 이름: 제일홀딩스 (2011-2018년), 하림지주 (2019년).
② 지주회사 지정: 2011-2019년; 지주회사 전환·지정 2011년 1월.
③ 계열회사: [2017년] 43개 (자회사 11개 + 손자회사 26개 + 증손회사 6개), [2018년] 48개 (10+31+7), [2019년] 45개 (20+25+0).

2) [하림홀딩스]
① 지주회사 지정: 2011-2017년; 지주회사 전환·지정 2011년 1월, 제외 2018년 7월.
② 계열회사: [2017년] 20개 (자회사 14개 + 손자회사 6개).

3) 하림홀딩스는 제일홀딩스의 자회사.

34. 하이트진로그룹: 2010-2015, 2017-2019년

연도	그룹		지주회사체제			지주회사
	순위	계열 회사 (A, 개)	지주회사 (a)	계열 회사 (b, 개)	a+b (B, 개)	체제 달성 비율 (B/A, %)
2010	38	16	하이트홀딩스	13	14	88
2011	42	15	하이트홀딩스	12	13	87
2012	44	15	하이트진로홀딩스	12	13	87
2013	47	14	하이트진로홀딩스	11	12	86
2014	47	12	하이트진로홀딩스	10	11	92
2015	48	12	하이트진로홀딩스	10	11	92
2016						
2017	55	12	하이트진로홀딩스	10	11	92
2018	58	12	하이트진로홀딩스	10	11	92
2019	56	17	하이트진로홀딩스	10	11	65

출처: 공정거래위원회.

1. 지주회사체제

1) 연도: 2010-2015, 2017-2019년.

2) 연도 수: 9년.

3) 유형: 적극적인 지주회사체제 (지주회사체제 달성 비율
30% 이상; 65-92%).

4) 지주회사체제 편입 계열회사 수: 11-14개.

5) 그룹 순위: 38-58위.

2. 그룹 [하이트진로]

   1) 이름: 하이트맥주 (2003-2010년), 하이트진로 (2011-2019년).

   2) 대규모집단 지정: 2003-2008, 2010-2015, 2017-2019년.

3. 지주회사 [하이트진로홀딩스]

   1) 이름: 하이트홀딩스 (2008-2011년), 하이트진로홀딩스 (2012-2019년).

   2) 지주회사 지정: 2008-2019년; 지주회사 전환 지정 2008년 7월.

   3) 계열회사: [2010년] 13개 (자회사 5개 + 손자회사 8개 + 증손회사 0개), [2011년] 12개 (5+7+0), [2012년] 12개 (4+8+0), [2013년] 11개 (4+7+0), [2014-2015년] 10개 (3+6+1), [2017-2019년] 10개 (2+7+1).

4. 2008년의 경우, 그룹은 대규모집단으로 지정되고 지주회사는 존속하였지만 자료에는 하이트홀딩스가 하이트맥주그룹 소속이 아닌 것으로 되어 있음.

35. 한국타이어그룹: 2014-2015, 2017-2019년

| 연도 | 그룹 | | 지주회사체제 | | | 지주회사 체제 달성 비율 (B/A, %) |
	순위	계열 회사 (A, 개)	지주회사 (a)	계열 회사 (b, 개)	a+b (B, 개)	
2014	38	16	한국타이어 월드와이드	9	10	63
2015	35	16	한국타이어 월드와이드	8	9	56
2016						
2017	33	17	한국타이어 월드와이드	8	9	53
2018	35	17	한국타이어 월드와이드	10	11	65
2019	38	25	한국 테크놀로지그룹	12	13	52

출처: 공정거래위원회.

1. 지주회사체제

1) 연도: 2014-2015, 2017-2019년.

2) 연도 수: 5년.

3) 유형: 적극적인 지주회사체제 (지주회사체제 달성 비율 30% 이상; 52-65%).

4) 지주회사체제 편입 계열회사 수: 9-13개.

5) 그룹 순위: 33-38위.

2. 그룹 [한국타이어]

  대규모집단 지정: 2002-2008, 2012-2015, 2017-2019년.

3. 지주회사 [한국테크놀로지그룹]

  1) 이름: 한국타이어월드와이드 (2014-2018년), 한국테크놀
  로지그룹 (2019년).

  2) 지주회사 지정: 2014-2019년; 지주회사 전환 2012년 9월,
  지정 2013년 7월.

  3) 계열회사: [2014년] 9개 (자회사 3개 + 손자회사 5개 +
  증손회사 1개), [2015, 2017년] 8개 (3+5+0), [2018년]
  10개 (4+6+0), [2019년] 12개 (4+8+0).

36. 한라그룹: 2014-2015, 2017-2019년

연도	그룹		지주회사체제			지주회사체제 달성 비율 (B/A, %)
	순위	계열회사 (A, 개)	지주회사 (a)	계열회사 (b, 개)	a+b (B, 개)	
2014	35	21	한라홀딩스	11	12	57
2015	34	23	한라홀딩스	15	16	70
2016						
2017	38	19	한라홀딩스	20	21	111
2018	41	19	한라홀딩스	18	19	100
2019	49	15	한라홀딩스	14	15	100

출처: 공정거래위원회.

1. 지주회사체제

1) 연도: 2014-2015, 2017-2019년.

2) 연도 수: 5년.

3) 유형: 적극적인 지주회사체제 (지주회사체제 달성 비율 30% 이상; 57-111%).

4) 지주회사체제 편입 계열회사 수: 12-21개.

5) 그룹 순위: 34-49위.

2. 그룹 [한라]

대규모집단 지정: 2008, 2012-2015, 2017-2019년.

3. 지주회사 [한라홀딩스]

　1) 지주회사 지정: 2014-2019년; 지주회사 전환·지정 2014년 9월.

　2) 계열회사: [2014년] 11개 (자회사 3개 + 손자회사 4개 + 증손회사 4개), [2015년] 15개 (4+7+4), [2017년] 20개 (8+11+1), [2018년] 18개 (6+12+0), [2019년] 14개 (5+9+0).

37. 한솔그룹: 2015, 2017-2018년

연도	그룹		지주회사체제			지주회사 체제 달성 비율 (B/A, %)
	순위	계열 회사 (A, 개)	지주회사 (a)	계열 회사 (b, 개)	a+b (B, 개)	
2015	50	21	한솔홀딩스	10	11	52
2016						
2017	57	20	한솔홀딩스	17	18	90
2018	60	19	한솔홀딩스	15	16	84

출처: 공정거래위원회.

1. 지주회사체제

　　1) 연도: 2015, 2017-2018년.

　　2) 연도 수: 3년.

　　3) 유형: 적극적인 지주회사체제 (지주회사체제 달성 비율
　　　　30% 이상; 52-90%).

　　4) 지주회사체제 편입 계열회사 수: 11-18개.

　　5) 그룹 순위: 50-60위.

2. 그룹 [한솔]

　　대규모집단 지정: 2001-2008, 2013-2015, 2017-2018년.

3. 지주회사 [한솔홀딩스]

   1) 지주회사 지정: 2015-2019년; 지주회사 전환·지정 2015년
      1월.

   2) 계열회사: [2015년] 10개 (자회사 7개 + 손자회사 3개),
      [2017년] 17개 (11+6), [2018년] 15개 (10+5).

38. 한진그룹: 2010-2019년

연도	그룹		지주회사체제			지주회사체제 달성 비율 (B/A, %)
	순위	계열회사 (A, 개)	지주회사 (a)	계열회사 (b, 개)	a+b (B, 개)	
2010	10	37	한진해운홀딩스	11	12	32
2011	9	40	한진해운홀딩스	13	14	35
2012	9	45	한진해운홀딩스	15	16	36
2013	10	45	한진칼	8	9 [25]	56
			한진해운홀딩스	15	16	
2014	10	48	한진칼	8	9 [25]	52
			한진해운홀딩스	15	16	
2015	10	46	한진칼	18	19	41
2016	11	38	한진칼	29	30	79
2017	14	34	한진칼	28	29	85
2018	14	28	한진칼	26	27	96
2019	13	32	한진칼	25	26	81

출처: 공정거래위원회.

1. 지주회사체제

    1) 연도: 2010-2019년.

    2) 연도 수: 10년.

    3) 유형: 적극적인 지주회사체제 (지주회사체제 달성 비율 30% 이상; 32-96%).

    4) 지주회사체제 편입 계열회사 수: 12-30개.

    5) 그룹 순위: 9-14위.

2. 그룹 [한진]

대규모집단 지정: 2001-2019년.

3. 지주회사 [2개]

1) [한진해운홀딩스]

① 지주회사 지정: 2010-2014년; 지주회사 전환·지정
2009년 12월, 제외 2014년 12월; 2014년 11월 유수
홀딩스로 상호 변경.

② 계열회사: [2010년] 11개 (자회사 2개 + 손자회사 9개
+ 증손회사 0개), [2011년] 13개 (2+10+1), [2012-2014년]
15개 (2+12+1).

2) [한진칼]

① 지주회사 지정: 2013-2019년; 지주회사 설립·지정
2013년 8월.

② 계열회사: [2013-2014년] 8개 (자회사 7개 + 손자회
사 1개 + 증손회사 0개), [2015년] 18개 (7+9+2),
[2016년] 29개 (8+19+2), [2017년] 28개 (8+18+2),
[2018년] 26개 (8+17+1), [2019년] 25개 (8+16+1).

3) 한진칼과 한진해운홀딩스는 서로 지분 관계 없음.

39. 한진중공업그룹: 2007-2015, 2017-2018년

연도	그룹		지주회사체제			지주회사
	순위	계열 회사 (A, 개)	지주회사 (a)	계열 회사 (b, 개)	a+b (B, 개)	체제 달성 비율 (B/A, %)
2007	32	4	한진중공업홀딩스	4	5	125
2008	29	5	한진중공업홀딩스	4	5	100
2009	29	6	한진중공업홀딩스	5	6	100
2010	29	7	한진중공업홀딩스	6	7	100
2011	31	8	한진중공업홀딩스	7	8	100
2012	36	8	한진중공업홀딩스	7	8	100
2013	33	9	한진중공업홀딩스	8	9	100
2014	33	10	한진중공업홀딩스	9	10	100
2015	33	9	한진중공업홀딩스	8	9	100
2016						
2017	52	8	한진중공업홀딩스	8	9	113
2018	56	7	한진중공업홀딩스	6	7	100

출처: 공정거래위원회.

1. 지주회사체제

   1) 연도: 2007-2015, 2017-2018년.

   2) 연도 수: 11년.

   3) 유형: 적극적인 지주회사체제 (지주회사체제 달성 비율
      30% 이상; 100-125%).

   4) 지주회사체제 편입 계열회사 수: 5-10개.

5) 그룹 순위: 29-56위.

2. 그룹 [한진중공업]

대규모집단 지정: 2006-2015, 2017-2018년.

3. 지주회사 [한진중공업홀딩스]

1) 지주회사 지정: 2007-2019년; 지주회사 전환·지정 2007년 8월.

2) 계열회사: [2007-2008년] 4개 (자회사 4개 + 손자회사 0개), [2009년] 5개 (4+1), [2010년] 6개 (4+2), [2011-2012년] 7개 (4+3), [2013년] 8개 (4+4), [2014년] 9개 (4+5), [2015, 2017년] 8개 (4+4), [2018년] 6개 (3+3).

40. 한화그룹: 2005-2019년

| 연도 | 그룹 | | 지주회사체제 | | | 지주회사 체제 달성 비율 (B/A, %) |
	순위	계열 회사 (A, 개)	지주회사 (a)	계열 회사 (b, 개)	a+b (B, 개)	
2005	10	30	한화도시개발	1	2	7
2006	11	31	한화도시개발	1	2	6
2007	12	34	드림파마	5	6	18
2008	12	40	드림파마	5	6	15
2009	13	44	드림파마	5	6	14
2010	13	48	한화도시개발	8	9	19
2011	10	55	한화도시개발	10	11	20
2012	10	53	한화도시개발	9	10	19
2013	11	49	한화도시개발	8	9	18
2014	11	51	한화도시개발	6	7	14
2015	11	52	한화도시개발	5	6	12
2016	8	57	한화도시개발	6	7 [10]	18
			한화종합화학	2	3	
2017	8	61	한화도시개발	7	8 [18]	30
			한화종합화학	7	8	
			한화지상방산	1	2	
2018	8	76	한화도시개발	7	8 [23]	30
			한화종합화학	12	13	
			한화지상방산	1	2	
2019	7	75	한화도시개발	7	8 [14]	19
			한화종합화학	5	6	

출처: 공정거래위원회.

1. 지주회사체제

   1) 연도: 2005-2019년.

   2) 연도 수: 15년.

   3) 유형: 소극적인 지주회사체제 (2005-2016, 2019년 지주
      회사체제 달성 비율 30% 미만; 6-20%). * 적극적인 지
      주회사체제 (2017-2018년 지주회사체제 달성 비율 30%
      이상; 30%).

   4) 지주회사체제 편입 계열회사 수: 2-23개.

   5) 그룹 순위: 7-13위.

2. 그룹 [한화]
   대규모집단 지정: 2001-2019년.

3. 지주회사 [5개]

   1) [한화도시개발]
      ① 지주회사 지정: 2005-2006년; 지주회사 설립 2004년
         12월, 지정 2005년 1월, 제외 2007년 4월.
      ② 계열회사: [2005-2006년] 1개 (자회사).

   2) [드림파마]
      ① 지주회사 지정: 2007-2009년; 지주회사 전환·지정
         2007년 4월 (한화도시개발 합병), 제외 2009년 12월.
      ② 계열회사: [2007-2009년] 5개 (자회사).

3) [한화도시개발]

　① 지주회사 지정: 2010-2019년; 지주회사 설립·지정 2009년 12월 (드림파마에서 분할).

　② 계열회사: [2010-2019년] 5-10개 (자회사).

4) [한화종합화학]

　① 이름: 삼성종합화학 (2004-2015년, 삼성그룹 소속), 한화종합화학 (2016-2019년, 한화그룹 소속).

　② 지주회사 지정: 2004-2019년; 지주회사 전환 2003년 7월, 지정 2004년 1월.

　③ 계열회사: [2016년] 2개 (자회사 2개 + 손자회사 0개), [2017년] 7개 (2+5), [2018년] 12개 (3+9), [2019년] 5개 (5+0).

5) [한화지상방산]

　① 지주회사 지정: 2017-2018년; 지주회사 설립·지정 2017년 7월, 제외 2019년 1월 (한화디펜스로 상호 변경).

　② 계열회사: [2017-2018년] 1개 (자회사).

6) 한화도시개발, 한화종합화학 및 한화지상방산은 서로 지분 관계 없음.

41. 현대백화점그룹: 2006-2015, 2019년

| 연도 | 그룹 | | 지주회사체제 | | | 지주회사 체제 달성 비율 (B/A, %) |
	순위	계열 회사 (A, 개)	지주회사 (a)	계열 회사 (b, 개)	a+b (B, 개)	
2006	31	23	㈜HC&	9	10	43
2007	27	24	㈜HC&	10	11	46
2008	31	25	㈜HC&	10	11	44
2009	33	22	㈜HC&	9	10	45
2010	34	29	㈜HC&	13	14	48
2011	30	26	현대HC&	11	12	46
2012	28	35	현대HC&	11	12	34
2013	26	35	현대HC&	12	13	37
2014	25	35	현대HC&	14	15	43
2015	23	32	현대HC&	11	12	38
2016						
2017						
2018						
2019	21	28	현대홈쇼핑	10	11	39

출처: 공정거래위원회.

1. 지주회사체제

1) 연도: 2006-2015, 2019년.

2) 연도 수: 11년.

3) 유형: 적극적인 지주회사체제 (지주회사체제 달성 비율 30% 이상; 34-48%).

4) 지주회사체제 편입 계열회사 수: 10-15개.

5) 그룹 순위: 21-34위.

2. 그룹 [현대백화점]

대규모집단 지정: 2001-2019년.

3. 지주회사 [2개]

1) [현대HC&]

① 이름: ㈜HC& (2006-2010년), 현대HC& (2011-2015년).

② 지주회사 지정: 2006-2015년; 지주회사 전환·지정
2006년 1월, 제외 2016년 4월.

③ 계열회사: [2006년] 9개 (자회사 9개 + 손자회사 0
개), [2007-2008년] 10개 (9+1), [2009년] 9개 (9+0),
[2010년] 13개 (8+5), [2011-2012년] 11개 (8+3),
[2013년] 12개 (9+3), [2014년] 14개 (12+2), [2015
년] 11개 (9+2).

2) [현대홈쇼핑]

① 지주회사 지정: 2019년; 지주회사 전환·지정 2019년
1월.

② 계열회사: [2019년] 10개 (자회사 5개 + 손자회사 5개).

42. 현대자동차그룹: 2007년

연도	그룹		지주회사체제			지주회사 체제 달성 비율 (B/A, %)
	순위	계열회사 (A, 개)	지주회사 (a)	계열회사 (b, 개)	a+b (B, 개)	
2007	2	36	차산골프장 지주회사	1	2	6

출처: 공정거래위원회.

1. 지주회사체제

   1) 연도: 2007년.

   2) 연도 수: 1년.

   3) 유형: 소극적인 지주회사체제 (지주회사체제 달성 비율 30% 미만; 6%).

   4) 지주회사체제 편입 계열회사 수: 2개.

   5) 그룹 순위: 2위.

2. 그룹 [현대자동차]

   대규모집단 지정: 2001-2019년.

3. 지주회사 [차산골프장지주회사]

   1) 지주회사 지정: 2006-2007년; 지주회사 설립 2005년 9월 (해비치컨트리클럽), 지정 2006년 1월 (7월 차산골프장지

주회사로 상호 변경), 제외 2007년 12월.

　2) 계열회사: [2007년] 1개 (자회사).

4. 2006년의 경우, 그룹은 대규모집단으로 지정되고 지주회사는
　존속하였지만 자료에는 차산골프장지주회사가 현대자동차그
　룹 소속이 아닌 것으로 되어 있음.

43. 현대중공업그룹: 2017-2019년

| 연도 | 그룹 | | 지주회사체제 | | | 지주회사
체제
달성
비율
(B/A, %) |
	순위	계열 회사 (A, 개)	지주회사 (a)	계열 회사 (b, 개)	a+b (B, 개)	
2017	9	29	현대로보틱스	23	24	83
2018	10	28	현대중공업지주	21	22	79
2019	10	31	현대중공업지주	21	22 [22]	71
			한국조선해양	14	15	

출처: 공정거래위원회.

1. 지주회사체제

   1) 연도: 2017-2019년.

   2) 연도 수: 3년.

   3) 유형: 적극적인 지주회사체제 (지주회사체제 달성 비율
      30% 이상; 71-83%).

   4) 지주회사체제 편입 계열회사 수: 22-24개.

   5) 그룹 순위: 9-10위.

2. 그룹 [현대중공업]

   대규모집단 지정: 2002-2019년.

3. 지주회사 [2개]

1) [현대중공업지주]

① 이름: 현대로보틱스 (2017년), 현대중공업지주 (2018-2019년).

② 지주회사 지정: 2017-2019년; 지주회사 설립·지정 2017년 4월.

③ 계열회사: [2017년] 23개 (자회사 5개 + 손자회사 18개), [2018-2019년] 21개 (5+16).

2) [한국조선해양]

① 지주회사 지정: 2019년; 지주회사 설립·지정 2019년 6월.

② 계열회사: [2019년] 14개 (자회사 13개 + 손자회사 1개).

3) 한국조선해양은 현대중공업지주의 자회사.

44. 효성그룹: 2017-2019년

| 연도 | 그룹 | | 지주회사체제 | | | 지주회사 체제 달성 비율 (B/A, %) |
	순위	계열회사 (A, 개)	지주회사 (a)	계열회사 (b, 개)	a+b (B, 개)	
2017	25	46	에이에스씨	2	3	7
2018	26	52	에이에스씨	2	3	6
2019	22	57	효성	33	34 [37]	65
			에이에스씨	2	3	

출처: 공정거래위원회.

1. 지주회사체제

   1) 연도: 2017-2019년.

   2) 연도 수: 3년.

   3) 유형: 적극적인 지주회사체제 (2019년 지주회사체제 달성 비율 30% 이상; 65%). * 소극적인 지주회사체제 (2017-2018 년 지주회사체제 달성 비율 30% 미만; 6-7%).

   4) 지주회사체제 편입 계열회사 수: 3-37개.

   5) 그룹 순위: 22-26위.

   6) 지주회사체제 유형은 적극적인 지주회사체제로 간주함.

2. 그룹 [효성]

   대규모집단 지정: 2001-2019년.

3. 지주회사 [2개]

    1) [에이에스씨]
      ① 지주회사 지정: 2017-2019년; 지주회사 전환·지정
         2017년 5월.
      ② 계열회사: [2017-2019년] 2개 (자회사).

    2) [효성]
      ① 지주회사 지정: 2019년; 지주회사 전환·지정 2019년 1월.
      ② 계열회사: [2019년] 33개 (자회사 17개 + 손자회사
         16개).

    3) 효성과 에이에스씨는 서로 지분 관계 없음.

참고문헌

* 공정거래위원회 (www.ftc.go.kr) 자료

'지주회사 설립동향' (2000.3.10).

'지주회사 설립동향' (2000.5.31).

'지주회사 전환, 설립 신고현황' (2001.5.11).

'지주회사 설립, 전환 신고 동향' (2001.7.31 현재; 2001.8.7).

'지주회사 설립, 전환 신고현황 (2003년1월 현재)'.

'지주회사 설립, 전환 신고현황 (2003.7.31 현재)'.

'2003년 지주회사 현황' (2003.7.31 현재; 2003.8.15).

'지주회사 설립, 전환 신고현황 (2003.12.31 현재)'.

'2004년 지주회사 현황' (2004.5.31 현재; 2004.7.1).

'2005년 8월말 현재 지주회사 현황' (2005.9.30).

'2006년 공정거래법상 지주회사 현황 분석 (06.8 현재)' (2006.11.1).

'2007년 공정거래법상 지주회사 현황 분석 (07.8.31 현재)' (2007.10.4).

'2008년 공정거래법상 지주회사 현황 분석 결과 발표' (2008.9.30 현재; 2008.10.30).

'2009년 공정거래법상 지주회사 현황 분석 결과' (2009.9.30 현재; 2009.10.28).

'지주회사 증가 추세 지속' (2010.5.30 현재; 2010.5.25).

'지주회사 증가 추세 계속' (2010.9.30 현재; 2010.11.8).

'2011년 공정거래법상 지주회사 현황 분석 결과 발표' (2011.9.30 현재; 2011.10.27).

'2012년 공정거래법상 지주회사 현황 분석 결과 발표' (2012.9.30 현재; 2012.10.25).

'2013년 공정거래법상 지주회사 현황 분석 결과 발표' (2013.9.30 현재; 2013.11.6).

'2014년 공정거래법상 지주회사 현황 분석 결과 발표' (2014.9.30 현재; 2014.10.29).

'2015년 공정거래법상 지주회사 현황 분석 결과 발표' (2015.9.30 현재;

2015.10.29).

'공정위, 2016년 공정거래법상 지주회사 현황 분석 결과 발표' (2016.9.30 현재; 2016.11.2).

'공정위, 2017년 공정거래법상 지주회사 현황 분석 결과 발표' (2017.9.30 현재; 2017.11.2).

'2018년 공정거래법상 지주회사 현황 분석 결과 발표' (2018.9.30 현재; 2018.11.13).

'2019년 공정거래법상 지주회사 현황 분석 결과 발표' (2019.9.30 현재; 2019.11.11).

'99년도 대규모기업집단 지정' (1999.4.6).

'2000년도 대규모기업집단 지정' (2000.4.17).

'2001년도 대규모기업집단 지정' (2001.4.2).

'2002년도 출자총액제한대상 기업집단 지정' (2002.4.3).

'2003년도 상호출자제한기업집단 등 지정' (2003.4.2).

'2004년도 상호출자제한기업집단 등 지정' (2004.4.2).

'2005년도 상호출자제한기업집단 등 지정' (2005.4).

'2006년도 상호출자제한기업집단 등 지정' (2006.4.14).

'2007년도 상호출자제한기업집단 등 지정' (2007.4.13).

'2008년도 상호출자제한기업집단 등 지정' (2008.4.4).

'공정위, 자산 5조원 이상 48개 상호출자제한기업집단 지정' (2009.4.1).

'공정위, 자산 5조원 이상 53개 상호출자제한기업집단 지정' (2010.4.1).

'공정위, 자산 5조원 이상 상호출자제한기업집단으로 55개 지정' (2011.4.5).

'공정위, 자산 5조원 이상 상호출자제한기업집단으로 63개 지정' (2012.4.12).

'공정위, 자산 5조원 이상 상호출자제한기업집단 62개 지정' (2013.4.1).

'공정위, 자산 5조원 이상 상호출자제한기업집단 63개 지정' (2014.4.1).

'공정위, 자산 5조원 이상 상호출자제한기업집단 61개 지정' (2015.4.1).

'공정위, 65개 상호출자제한기업집단 지정' (2016.4.1).

'공정위, 31개 상호출자제한기업집단 지정' (2017.5.1).

'공정위, 57개 공시대상기업집단 지정' (2017.9.1).

'공정위, 60개 공시대상기업집단 지정' (2018.5.1).

'공정위, 59개 공시대상기업집단 지정' (2019.5.15).

'대규모기업집단 소속회사 수 현황 (1987-1999)'.

'대규모기업집단 자산총액 현황 (1987-1999)'.
'대규모기업집단 자본총액·자본금 등 현황 (1987-1999)'.

'대기업집단의 소유지분구조 공개' (2004.12.28).
'2005년 대기업집단의 소유지배구조에 관한 정보공개' (2005.7.13).
'2006년 대규모기업집단 소유지배구조에 대한 정보공개' (2006.7.31).
'2007년 대규모기업집단 소유지분구조에 대한 정보공개' (2007.9.3).
'2008년 대규모기업집단 소유지분구조에 대한 정보공개' (2008.11.6).
'2009년 대기업집단 주식소유 현황 등 정보공개' (2009.10.23).
'2010년 대기업집단 주식소유 현황 등 정보공개' (2010.10.11).
'2011년 대기업집단 지배구조 현황에 대한 정보 공개' (2011.11.4).
'2012년 대기업집단 주식소유 현황 및 소유지분도에 대한 정보 공개' (2012.6.29).
'2012년 대기업집단 지배구조 현황에 대한 정보 공개' (2012.9.27).
'2013년 대기업집단 주식소유 현황 정보 공개' (2013.5.30).
'2014년 대기업집단 주식소유 현황 공개' (2014.7.10).
'2015년 대기업집단 주식소유 현황 공개' (2015.6.30).
'공정위, 2016년 상호출자제한기업집단 주식소유 현황 공개' (2016.7.7).
'공정위, 2017년 공시 대상 기업집단 주식 소유 현황 공개' (2017.11.30).
'2018년 공시 대상 기업집단 주식 소유 현황' (2018.8.27).
'2019년 공시 대상 기업집단 주식 소유 현황' (2019.9.5).

'독점규제 및 공정거래에 관한 법률'.
'독점규제 및 공정거래에 관한 법률시행령'.
<공정거래백서>.
<공정거래위원회 30년사> (2011).

* 금융감독원 전자공시시스템 (http://dart.fss.or.kr) 자료

<사업보고서>, <반기보고서>, <분기보고서>, <감사보고서>.

* 일반문헌

김동운 (2001), <박승직상점, 1882-1951년>, 혜안.
김동운 (2007), 'LG그룹 지주회사체제의 성립과정과 의의', <경영사학> 제22권 제1호.
김동운 (2008), <한국재벌과 개인적 경영자본주의>, 혜안.
김동운 (2010), '한진중공업그룹 지주회사체제의 성립과정과 의의', <지역사회연구> 제18권 제1호.
김동운 (2010), '한국재벌과 지주회사체제 - SK그룹의 사례', <경영사학> 제25권 제2호.
김동운 (2010), '금호아시아나그룹과 지주회사체제', <지역사회연구> 제18권 제3호.
김동운 (2011), <한국재벌과 지주회사체제: LG와 SK>, 이담북스.
김동운 (2011), '대규모기업집단과 지주회사', <지역사회연구> 제19권 제1호.
김동운 (2011), '공정거래법상 지주회사의 주요 추세와 특징 - 신설·존속 지주회사, 계열회사, 지주비율, 자산총액을 중심으로', <기업경영연구> 제18권 제2호.
김동운 (2011), 'LG그룹 지주회사체제와 개인화된 지배구조의 강화, 2001-2010년', <경영사학> 제26권 제3호.
김동운 (2012), '지주회사체제와 개인화된 지배구조의 강화: CJ그룹의 사례, 1997-2012년', <경영사학> 제27권 제3호.
김동운 (2012), '두산그룹 지주회사체제와 개인화된 소유지배구조의 강화, 1998-2011년', <질서경제저널> 제15권 제3호.
김동운 (2012), 'CJ그룹과 두산그룹의 지주회사체제 성립과정: 주요 추세 및 특징의 비교', <유라시아연구> 제9권 제3호.
김동운 (2013), <한국재벌과 지주회사체제: CJ와 두산>, 이담북스.
김동운 (2013), '두산그룹 지주회사체제와 개인화된 경영지배구조의 강화, 1998-2011년', <질서경제저널> 제16권 제1호.
김동운 (2013), '한국재벌과 지주회사체제: 주요 추세 및 특징, 2001-2011년', <경영사학> 제28권 제2호.
김동운 (2013), 'BS금융그룹과 DGB금융그룹', <지역사회연구> 제21권 제4호.
김동운 (2014), '대규모기업집단의 변천, 1987-2013년: 지정 연도 수 및 순위를 중심으로', <경영사학> 제29권 제2호.

김동운 (2014), 'GS그룹의 소유구조, 2005-2013년', <경영사학> 제29권 제4호.

김동운 (2014), '한국재벌과 지주회사체제 : GS그룹과 LS그룹의 비교', <질서
경제저널> 제17권 제4호.

김동운 (2015), <한국재벌과 지주회사체제: GS와 LS>, 이담북스.

김동운 (2015), '재벌 오너 일가의 경영지배: GS그룹과 LS그룹의 사례', <전
문경영인연구> 제18권 제4호.

김동운 (2015), '한진그룹 지주회사체제의 성립과정과 의의, 2009-2015년',
<질서경제저널> 제18권 제4호.

김동운 (2015), '재벌오너 일가의 소유방정식: GS그룹과 LS그룹의 사례', <질
서경제저널> 제18권 제2호.

김동운 (2016), <한국재벌과 지주회사체제: 34개 재벌의 현황과 자료>, 한국
학술정보.

김동운 (2016), '한진그룹 오너 조양호 일가의 소유지배에 관한 사적 고찰',
<경영사학> 제31권 제4호.

김동운 (2017), <한국재벌과 지주회사체제: 34개 재벌의 추세와 특징>, 한국
학술정보.

김동운 (2018), '한국의 대규모기업집단, 1987-2016년', <경영사연구> 제33
권 제2호.

김동운 (2019), <한국의 대규모기업집단> 전2권, 한국학술정보.

김동운 (2019), '롯데그룹 지주회사체제의 성립 과정과 의의', <경영사연구>
제34권 제1호.

김동운 (2019), '두산그룹과 4세 경영: 승계 과정 및 의의', <경영사연구> 제
34권 제4호.

김동운 (2019), 'LG그룹과 4세 경영', <전문경영인연구> 제22권 제4호.

김동운 (2020), '한국재벌과 소유·경영 승계: LG와 두산의 비교', <경영사연
구> 제35권 제1호.

김동운 외 (2005), <재벌의 경영지배구조와 인맥 혼맥>, 나남출판.

강선정 (2010), '보험지주회사 활성화 방안에 관한 법적 고찰', 한국외국어대
석사논문.

강성호 (2010), '금융지주회사 설립에 따른 노동법적 제문제 연구', 고려대 석
사논문.

강일 외 (2018), '지주회사에 대한 행위 제한 규제 관련 실무상 쟁점', <BFL> 제91호.

고동원 (2012), '금융지주회사의 경영지배구조에 관한 법적 검토', <은행법연구> 제5권 제1호.

고동호 (2011), '지주회사와 자회사의 행위 제한에 관한 법적 연구', 연세대 석사논문.

고려대학교 기업지배구조연구소 (2010), <지주회사제도 운영 성과와 향후 과제>.

고인배 (2012), '금융지주회사, 은행 사외이사의 감시 의무', <동아법학> 제54호.

공경태 (2019), '지주회사제도의 금산분리 완화 정책의 필요성에 관한 연구', <무역통상학회지> 제19권 제6호.

권상로 (2013), '지주회사의 규제에 관한 법적 연구', <법학논총> 제20권 제1호.

권영애 (2014), '지주회사의 감사제도에 관한 고찰', <기업법연구> 제28권 제3호.

권택호 외 (2013), '대규모기업집단 중 지주회사에 속한 기업의 소유지배괴리 도와 이익 조정', <금융공학연구> 제12권 제2호.

권혜영 (2012), '지주회사 재무성과로 살펴본 도입 효과의 실증분석', 연세대 석사논문.

김동수 외 (2018), '지주회사의 세법상 문제', <BFL> 제91호.

김동원 (2013), <금융지주회사의 CEO 리스크와 지배구조 개선방안>, 한국 금융연구원.

김명아 (2011), '중국 금융지주회사 감독 법제에 관한 연구', <동북아법연구> 제5권 제1호.

김병구 (2011), '중국 내 지주회사 설립을 통한 중국시장 진출 전략에 관한 연구', <China연구> 제10호.

김병균 (2010), '지주회사 전환이 재무구조와 경영성과에 미치는 영향', 숭실대 석사논문.

김병욱 (2019), '인적분할 및 현물출자 결합을 통한 지주회사 전환 시 과세체계에 관한 연구', 서울시립대 석사논문.

김병욱 외 (2019), '인적분할 및 현물출자 결합을 통한 지주회사 전환 시 과세 문제', <서울법학> 제27권 제2호.

김보영 외 (2014), '금융지주회사 설립이 소속 은행의 경영성과에 미치는 영향', <재무와회계정보저널> 제14권 제1호.

김상일 (2011), 'Chaebols' transitions effects into holding companies', 연세대 박사논문.

김상일 외 (2012), '지주회사 전환 기업의 재무 분석가 이익 예측 특성', <회계·세무와감사연구> 제54권 제2호.

김상일 외 (2013), '재벌의 지주회사 전환이 소유 집중과 이익조정에 미치는 영향', <회계학연구> 제38권 제4호.

김상일 외 (2014), '지주회사 전환이 계열사 간 정보 전이 효과에 미치는 영향', <기업경영연구> 제56호.

김상조 외 (2017), '삼성그룹의 지주회사 전환 등에 따른 삼성생명 유배당계약자에 대한 배당 문제', <경제개혁이슈>.

김석태 (2019), '정보 통합관리를 통한 금융지주회사의 효과적인 자금 세탁 리스크 관리에 관한 연구', <e-비즈니스 연구> 제20권 제7호.

김선정 (2010), '최근 금융지주회사법 개정에 대한 보험사업자의 반응과 남겨진 문제', <기업소송연구> 제8권.

김선제 외 (2014), '지주회사 전환 정보가 주식수익률에 미치는 영향 연구', <경영컨설팅연구> 제14권 제1호.

김선홍 (2010), '금융지주회사제도에 관한 연구', 한양대 석사논문.

김성일 (2012), '금융지주회사로의 전환이 주가에 미친 영향 분석', 부산대 석사논문.

김수련 외 (2018), '지주회사의 자회사 지원에 관한 법적 문제 - 공정거래법과 형법의 관점', <BFL> 제91호.

김신영 (2018), '기업집단에서 지배회사 이사의 의무와 책임 - 지주회사 이사의 의무와 책임을 중심으로', <상사법연구> 제37권 제3호.

김영균 외 (2013), '농업협동조합중앙회와 농협금융지주회사의 문제점과 해결 방안', <법학논고> 제44권.

김영주 (2014), '자회사의 경영관리에 관한 모회사 이사의 책임', <기업법연구> 제28권 제4호.

김용현 외 (2014), '지주회사 전환과 기업가치', <대한경영학회지> 제27권 제12호.

김우찬 외 (2010), '지주회사체제로의 전환은 과연 기업집단의 소유지배구조 개선을 가져 오는가?', <기업지배구조연구> 제36호.

김은호 (2011), '지주회사 전환에 따른 시장반응 연구', 영남대 석사논문.

김은호 (2014), '인적분할을 통한 지주회사의 전환이 사업자회사의 주가수익률에 미치는 영향', 영남대 박사논문.

김인 외 (2011), 'CFO의 전략가적인 역할의 사례연구: 두산그룹 지주사의 전문경영인 CFO를 중심으로', <전문경영인연구> 제14권 제1호.

김정교 외 (2015), '지주회사 체제 밖의 계열회사를 이용한 재벌의 이익 조정', <경영학연구> 제44권 제2호.

김종범 (2019), '금융지주회사의 지배구조에 관한 법적 연구', 경희대 박사논문.

김종우 (2011), '중국 금융지주회사 감독 시의 주요 쟁점과 입법 과제', <중국법연구> 제16권.

김종우 (2014), '중국 국가지주회사 지배구조와 자본제도 최신 동향 및 입법 과제', <중국법연구> 제22호.

김주현 외 (2020), '지주회사 전환 유도 정책이 대규모기업집단의 비주력업종 진출에 미친 영향 분석', <행정논총> 제58권 제1호.

김재형 (2017), '국내 제약기업의 지주회사 전환 전후 연구개발 투자 현황 비교', 성균관대 석사논문.

김찬섭 (2018), '지주회사 과세제도의 개선방안에 관한 연구', 고려대 박사논문.

김창수 외 (2012), '대기업집단의 지주회사 전환이 회계투명성에 미친 영향', <회계정보연구> 제30권 제3호.

김천웅 (2012), '지주회사의 연결납세제도 선택에 영향을 미치는 요인에 관한 연구', 경원대 박사논문.

김천웅 외 (2012), '지주회사의 연결납세제도 선택에 영향을 미치는 요인에 관한 연구', <회계정보연구> 제30권 제4호.

김치수 (2012), '금융지주회사의 관계회사 신용거래에 관한 연구', 동국대 석사논문.

김한수 (2019), '지주회사 전환 동기의 사례 연구', <경영연구> 제34권 제2호.

김현식 (2013), '금융지주회사제도의 문제점과 개선방안', <기업법연구> 제27권 제1호.

김현식 (2013), '우리나라 금융지주회사 제도의 법제 현황과 발전 방향', 조선대 박사논문.

김홍기 (2010), '개정 금융지주회사법의 주요 내용과 관련 법제의 개선 방향', <연세 글로벌 비즈니스 법학연구> 제2권 제1호.

김혜린 (2015), '지주회사 소속 기업의 조세회피 성향에 대한 연구', 한국외국어대 석사논문.

김혜린 외 (2017), '지주회사집단 소속 회사의 조세회피 성향에 대한 연구', <세무와 회계 연구> 제6권 제1호.

나찬휘 (2019), '은행 업종 및 4대 금융지주 주식수익률에 영향을 미치는 요인에 관한 연구: GARCH-M모형 검증을 중심으로', 한국외국어대 박사논문

나찬휘 외 (2018), '국내 은행업 및 4대 금융지주 주식수익률에 영향을 미치는 요인에 관한 연구: GARCH-M모형 검증을 중심으로', <재무관리연구> 제35권 제3호.

남윤경 (2016), '지주회사 체제에서의 이해관계인 보호 방안에 관한 연구', 이화여대 박사논문.

남윤경 (2016), '지주회사 체제에서의 주주 보호를 위한 회사법상 규제의 실효성 검토', <가천법학> 제9권 제1호.

남윤경 (2016), '지주회사와 종속회사의 이익 조정 방안', <법학연구> 제24권 제3호.

노진석 외 (2012), '국제비교로 본 지주회사 행위규제의 문제점: 공정거래법상 일반지주회사제도를 중심으로', <기업소송연구> 제10권.

노혁준 (2013), <회사분할의 제 문제>, 소화.

노혁준 (2014), '금융지주회사의 정보공유 법리', <금융정보연구> 제3권 제1호.

NI TINGTING (2017), '중국금융지주회사 감독 법규에 관한 연구', 이화여대 석사논문.

류경환 (2010), '우리나라 금융지주회사제도에 관한 연구: 국제경쟁력을 중심으로', 배재대 석사논문.

류혁선 (2010), '미국 금융지주회사제도에 관한 고찰과 그 시사점', <은행법연구> 제3권 제1호.

문기찬 (2019), '한국 자본시장에서의 지주회사 디스카운트 현상: Fixed effect 모형에 의한 추정', 연세대 석사논문.

문명순 (2010), '금융지주회사의 경영지배구조와 노사관계', 서강대 석사논문.

문현성 (2010), '보험지주회사 설립의 법적 문제: 개정 금융지주회사법을 중심으로', 한국외국어대 석사논문.

민세진 (2018), '대기업집단 내 보험지주회사의 설립에 관한 연구', <사회과

학연구> 제25권 제2호.

맹수석 (2010), '일본의 금융지주회사제도의 현황', <기업법연구> 제24권 제1호.

맹수석 외 (2014), '중국 금융지주회사 관련 법규의 문제점과 개선 방안', <동북아법연구> 제8권 제2호.

박민우 (2013), '금융지주회사와 그 자회사들에 대한 실체적 병합이론의 적용 여부에 관한 연구', <비교사법> 제20권 제4호.

박은아 (2015), '은행지주회사의 리스크 관리에 대한 연구: RMI를 중심으로', 이화여대 석사논문.

박종국 외 (2011), '지주회사 전환과 회계투명성', <대한경영학회지> 제24권 제4호.

박종은 외 (2017), '중국 금융지주회사 감독 법규에 관한 탐색적 연구', <한중경제문화연구> 제9호.

박지욱 (2012), '국제회계기준 도입에 따른 지주회사의 차별적 시장반응', 영남대 석사논문.

박진우 외 (2019), '중견기업의 인적분할을 통한 지주회사 전환', <한국증권학회지> 제48호.

박진화 (2012), '지주회사 전환 과정에서의 지배권 강화', 연세대 석사논문.

박철순 외 (2010), '기업지배구조로서 지주회사체제의 성공적 도입 및 실행: 신한금융지주회사', <경영교육연구> 제14권 제1호.

박태진 외 (2014), '지주회사 전환에 따른 투자 정보 서비스의 효율성 연구', <서비스경영학회지> 제15권 제3호.

배수현 (2015), '금융지주회사 체제 하의 은행 경쟁력 분석', <세무회계연구> 제44호.

백정웅 (2010), '비은행지주회사에 대한 한국 금융지주회사법과 EU 지침의 비교법적 연구', <상사판례연구> 제23권 제4호.

백정웅 (2011), '한국 금융지주회사법상 비은행지주회사에 대한 비교법적 연구', <비교사법> 제18권 제2호.

백재승 외 (2010), '지주회사 정보가 주주가치와 신용등급에 미치는 영향에 관한 연구', <대한경영학회지> 제23권 제5호.

서봉교 (2012), '중국금융지주회사의 금융사별 특징과 외국 금융사에 대한 시사점', <현대중국연구> 제14권 제1호.

서성호 외 (2013), '지주회사의 경영지배구조에 관한 개선방안', <기업법연구> 제27권 제4호.

서완석 (2010), '미국에 있어서 금융지주회사법제의 현황', <기업법연구> 제24권 제1호.

서정원 외 (2019), '한국주식시장의 지주회사 디스카운트', <한국증권학회지> 제48권 제6호.

서주희 (2012), '금융지주회사의 효율적인 자회사 포트폴리오 구축방안', 부산대 석사논문.

성형석 (2019), '공정거래법상 일반지주회사의 금융·보험회사 보유 제한 규제에 대한 연구', <고려법학> 제93호.

손창일 (2019), '지주회사로의 전환과 과제 - 지주회사제도의 공정거래법상 검토를 중심으로, <경영법률> 제30권 제1호.

송옥렬 (2019), '계열사 경영과 지주회사 이사의 역할 - 모회사 이사의 자회사 경영에 대한 권한과 의무', <경제법연구> 제18권 제3호.

송태원 (2018), '일반지주회사의 금융사 지분 소유 제한에 대한 일고', <법학연구> 제29권 제1호.

신상훈 (2017), '금융지주회사의 시너지효과 제고 방안 연구: 자회사 간 연계영업 및 복합점포 운영을 중심으로', 연세대 석사논문.

신유진 (2012), '지주회사 전환에 따른 자회사의 비정상수익률과 경영성과 분석', 이화여대 석사논문.

신현한 (2018), <지주회사 전환과 기업가치의 변화>, 한국경제연구원.

신현한 외 (2018), '지주회사 전환과 기업가치의 변화', <한국경제연구원 정책연구> 제5호.

심준근 (2013), '한국 금융지주회사의 발전방향 연구', 고려대 석사논문.

안현수 (2012), '보험지주회사제도의 현황과 법적문제에 관한 연구', 성균관대 석사논문.

양병찬 (2010), '중국 금융지주회사 규제의 현황', <기업법연구> 제24권 제1호.

오일환 (2010), '중국에 있어서 외국인투자 지주회사제도의 현황과 향후 개선 과제', <경제법연구> 제9권 제2호.

원동욱 (2010), '한국 금융지주회사의 법제 현황', <기업법연구> 제24권 제1호.

유귀훈 (2017), <신한금융지주, 15년의 여정>, 신한금융지주회사.

유우서 (2014), '중국 지주회사에 관한 연구', 고려대 석사논문.

유정완 (2013), '지주회사 자회사의 경영특성에 관한 고찰', 전북대 석사논문.

유주선 (2010), '독일의 보험지주회사에 대한 법적 규제', <기업법연구> 제 24권 제1호.

유진수 (2014), '인적분할을 통한 지주회사 전환에 대한 연구', <산업조직연구> 제22권 제2호.

유진수 (2015), '인적분할을 통한 지주회사 전환이 주가에 미친 효과 분석', <전문경영인연구> 제18권 제3호.

윤관호 외 (2013), '미국은행산업의 금융지주회사 확대 이후 경영성과 분석 및 시사점', <경영교육저널> 제24권 제1·2호.

윤선중 (2014), '금융지주회사의 정보공유와 시너지창출', <금융정보연구> 제3권 제1호.

윤승영 외 (2014), '지주회사 전환과 지배구조 리스크: 만도 사례를 중심으로', <경제법연구> 제13권 제3호.

윤지의 외 (2014), '지주회사체제가 기업지배구조의 효과성과 사업집중화에 미치는 영향', <디지털융복합연구> 제12권 제10호.

이갑진 (2014), '지주회사 제도 및 개선 방안에 관한 고찰', 한양사이버대 석사논문.

이건범 (2011), '금융지주회사 지배구조 개선방향: 금융그룹의 시각을 중심으로', <민주사회와 정책연구> 제20호.

이건호 (2017), 'The Effects of Holding Company Transition on Firm's Market Value and Performance: Empirical Analysis on the U.S. Holding Companies', 서울대 석사논문.

이명철 외 (2010), '금융지주회사 설립 전후 투자자 반응', <대한경영학회지> 제23권 제1호.

이명철 외 (2010), '금융지주회사 자회사인 은행의 수익성', <금융공학연구> 제9권 제4호.

이문영 (2019), '지주회사체계와 경영성과: 형식적 변화인가, 실질적 변화인가?', <회계학연구> 제44권 제6호.

이상민 (2015), '피라미드 출자와 지주회사제도 - 기업집단의 대리인 비용 및 일반집중의 관점에서', 서울대 석사논문.

이상철 외 (2018), '한국투자금융지주 김남구 부회장의 시너지경영', <Korea Business Review> 제22권 제3호.

이석정 (2011), '지주회사의 연결납세제도 도입 효과 실증 분석', 숭실대 박사 논문.

이선우 (2018), '경영권 승계 시 자본거래를 통한 조세 회피에 관한 연구: 분할 재상장을 통한 지주사 전환 방식을 중심으로', 서울시립대 석사논문.

이승준 (2013), <보험지주회사 감독체계 개선방안 연구>, 보험연구원.

이세우 (2013), '지주회사 전환이 주가에 미치는 영향에 관한 사례연구', <재무와회계정보저널> 제13권 제1호.

이용규 외 (2012), '연결납세제도 도입효과 실증분석 - 지주회사를 중심으로', <세무와회계저널> 제13권 제1호.

이은정 (2013), '중간(금융)지주회사 제도 도입의 효과 분석', <경제개혁리포트> 제2013권 제6호.

이은정 (2017), '지주회사 전환 동향과 전환 관련 규제 개선안', <이슈&분석>.

이은정 (2018), '지주회사와 관련된 세제 혜택의 문제점', <이슈&분석>.

이예진 (2019), '지주회사체제에서의 자회사 및 자회사 소수주주 보호 방안', 고려대 석사논문.

이정길 (2019), 'Max L. Stackhouse의 기업관의 윤리적 적용에 관한 연구: 4대 금융지주사의 윤리강령을 중심으로', <로고스경영연구> 제17권 제4호.

이총희 (2018), '공정거래위원회의 지주회사제도 개편안 분석', <이슈&분석>.

이현주 외 (2020), '지주회사 전환이 투자효율성에 미치는 영향', <세무와 회계 저널> 제21권 제1호.

이현주 외 (2014), '지주회사 전환이 외국인 지분율에 미치는 영향', <회계학연구> 제39권 제1호.

이호영 외 (2015), 'LG그룹 지주회사 전환 과정과 소유구조 변화 사례 연구', <회계저널> 제24권 제4호.

이효경 (2014), '일본 금융지주회사제도의 현황과 법적 과제', <경제법연구> 제13권 제1호.

임상빈 외 (2016), '과점 주주 간주취득세 조세회피 방지를 위한 지주회사 감면 제도 개선 방안', <세무회계연구> 제50호.

장준홍 (2010), '지주회사 설립 시의 과세체계에 관한 연구', 서울시립대 석사논문.

장지상 외 (2012), '공정거래법상 일반지주회사 규제의 현황과 개선방안', <경제발전연구> 제18권 제2호.

정동하 (2019), '금융지주회사 그룹 내부거래에 대한 부가가치세 과세 문제와 개선 방안', 서울시립대 석사논문.

정슬기 (2011), '지주회사 전환이 기업의 가치평가에 미치는 영향 분석', 연세대 석사논문.

정연희 (2017), '영국의 지주회사의 간접적 규제에 관한 검토', <법학연구> 제25권 제3호.

정영현 (2010), '금융지주회사의 다각화에 따른 시너지 효과에 관한 연구', 부산대 석사논문.

정종구 (2014), '개인정보 유출 사태에 대한 법경제학적 분석- 금융지주회사법 제48조의 2를 중심으로', <은행법연구> 제7권 제2호.

정준혁 (2018), '지주회사체제에서의 소액주주 보호', <BFL> 제91호.

정진향 외 (2012), '지주회사 전환이 재무분석가의 이익 예측 정확성에 미치는 영향', <상업교육연구> 제26권 제2호.

정태규 (2016), 'Do holding companies in Korea trade at a discount?', 중앙대 박사논문.

정현욱 (2013), '지주회사 전환이 자기자본비용에 미치는 영향', 영남대 박사논문.

정현욱 외 (2017). '지주회사 전환이 투자자들 간의 의견 불일치 정도에 미치는 영향', <회계·세무와 감사 연구> 제59권 제2호.

정현욱 외 (2013), '지주회사 전환이 자기자본비용에 미치는 영향', <회계정보연구> 제31권 제2호.

정희정 (2011), 'DEA모델을 이용한 일본금융지주회사의 효율성 분석', 서울대 석사논문.

조용미 (2011), '지주회사 전환이 기업지배구조와 이익조정에 미치는 영향', 국민대 박사논문.

조용미 외 (2011), '지주회사 전환이 기업지배구조에 미치는 영향', <상업교육연구> 제25권 제4호.

조용호 (2010), '지주회사 전환 기업의 소유구조가 경영성과와 기업 가치에 미치는 영향', 중앙대 석사논문.

조재영 (2010), '금융지주회사와 기업지배구조에 관한 법적 고찰', <비교사법> 제17권 제2호.

조현덕 외 (2018), '지주회사와 자회사 사이 계약의 법적 문제', <BFL> 제91호.

주수익 (2012), '공정거래법상 지주회사의 규제에 대한 개선 방안 - 행위규제를 중심으로', <상사판례연구> 제25권 제1호.

주수익 (2015), '지주회사의 사외이사제도에 관한 개선 방안', <법학논총> 제22권 제3호.

지광운 (2010), '보험지주회사의 효율적 운영을 위한 관련 법제 개선 방안에 관한 연구', <인문사회과학연구> 제11권 제2호.

지광운 (2012), <보험지주회사의 법리>, 한국학술정보.

지광운 (2012), '보험지주회사의 운영 및 감독에 관한 법적 연구', 한양대 박사논문.

천유현 (2011), '지주회사 디스카운트 현상의 고찰과 결정요인에 관한 실증분석', 서울대 석사논문.

추기능 (2018), '경영체제와 지주회사체제의 상호작용 효과 분석 - 대규모기업집단 소속 기업의 체제 전환을 중심으로', <경제발전연구> 제24권 제2호.

최갑룡 (2014), '중국 외국인투자 지주회사(투자성회사)의 현황과 발전 방향', <중국법연구> 제21호.

최경옥 (2011), '금융지주회사제도의 활성화를 위한 지원세제 연구', 고려대 석사논문.

최미강 (2010), 'Essays on Holding Company Structure and Korean Large Business Groups', 서울대 박사논문.

최민정 (2015), '금융지주회사의 개인정보 공유 개선 방안', 이화여대 석사논문.

최영주 (2014), '금융지주회사 CEO 리스크의 법적 검토 - KB금융사태를 계기로', <금융법연구> 제11권 제3호.

최인립 (2011), '지주회사의 규제에 관한 연구', 조선대 박사논문.

최효선 (2012), '지주회사로의 전환이 기업집단의 회계투명성에 미치는 영향', 중앙대 석사논문.

한국금융연구원 (2017), <금융지주회사의 비예금 부채가 시스템 위험에 미치는 영향 분석 및 시사점>.

한석원 (2017), '상호출자제한 대기업집단에서 지주회사 전환 정도에 따른 기업집단 간 ROA 비교', 홍익대 석사논문.

한영아 외 (2016), '한국 지주회사 설립 절차와 그 과정 속에서 나타나는 역학 관계에 대한 고찰', <금융공학연구> 제15권 제4호.

한정미 (2010), '금융지주회사 관련 규제 현황 분석 및 제도 보완을 위한 고찰', <경제법연구> 제9권 제1호.

허준석 (2010), '금융기관의 겸업 구조에 대한 규제 연구: 타 제도와의 비교를 통한 금융지주회사제도 도입 평가', 서울대 석사논문.

허철 (2017), '형식적 지주회사에 대한 간주취득세 감면의 타당성에 관한 조세 전략 사례 연구', 서울시립대 석사논문.

홍명수 외 (2017), '독점규제법상 지주회사 규제와 개선 방안에 관한 고찰', <가천법학> 제10권 제1호.

홍사선 (2015), '지주회사 이익 특성이 신용등급에 미치는 영향', 한양대 박사논문.

홍사선 외 (2017), '지주회사 이익 특성이 신용등급에 미치는 영향', <글로벌경영학회지> 제14권 제1호.

황근수 (2014), '미국에서 지주회사의 운영과 주주 보호', <법학연구> 제53호.

황주연 (2014), '우리나라 주요 금융지주회사 시스템 리스크 측정: Systemic-CCA를 이용하여', 이화여대 석사논문.

황현영 (2019), '회사법적 관점에서 바라본 지주회사제도의 문제점과 개선방안 - 지주회사 형성과정과 수익구조를 중심으로', <기업법연구> 제33권 제4호.

김동운

동의대학교 경제학과 교수
이메일: dongwoon@deu.ac.kr

한국경영사학회 부회장, 『경영사연구』 편집위원
한국전문경영인학회 이사

『구광모와 박정원: 재벌 4세의 소유·경영 승계』(2020)
『한국의 대규모기업집단 30년, 1987-2016 1』(2019)
『한국의 대규모기업집단 30년, 1987-2016 2』(2019)
『한국재벌과 지주회사체제: 34개 재벌의 추세와 특징』(2017)
『한국재벌과 지주회사체제: 34개 재벌의 현황과 자료』(2016)
『한국재벌과 지주회사체제: GS와 LS』(2015)
『한국재벌과 지주회사체제: CJ와 두산』(2013)
『한국재벌과 지주회사체제: LG와 SK』(2011)
『대한민국기업사 2』(공저, 2010)
『Encyclopedia of Business in Today's World』(공저, 2009)
『한국재벌과 개인적 경영자본주의』(2008)
『대한민국기업사 1』(공저, 2008)
『재벌의 경영지배구조와 인맥 혼맥』(공저, 2005)
『A Study of British Business History』(2004)
『The Oxford Encyclopedia of Economic History』(공저, 2003)
『박승직상점, 1882-1951년』(2001)
『한국 5대 재벌 백서, 1995-1997』(공저, 1999)
『한국재벌개혁론』(공저, 1999)

한국재벌과 지주회사체제

20년

2 0 0 0 - 2 0 1 9

초판인쇄 2020년 6월 14일
초판발행 2020년 6월 14일

지은이 김동운
펴낸이 채종준
펴낸곳 한국학술정보㈜
주소 경기도 파주시 회동길 230(문발동)
전화 031) 908-3181(대표)
팩스 031) 908-3189
홈페이지 http://ebook.kstudy.com
전자우편 출판사업부 publish@kstudy.com
등록 제일산-115호(2000. 6. 19)

ISBN 978-89-268-9866-6 93330